地方智库报告：社会治理系列
Local Think Tank

从惩失信到树诚信：
法院执行参与社会治理的宁波实践

中国社会科学院国家法治指数研究中心　著
中国社会科学院法学研究所法治指数创新工程项目组

中国社会科学出版社

图书在版编目(CIP)数据

从惩失信到树诚信：法院执行参与社会治理的宁波实践/中国社会科学院国家法治指数研究中心，中国社会科学院法学研究所法治指数创新工程项目组著．—北京：中国社会科学出版社，2021.1（2021.4 重印）

（地方智库报告）

ISBN 978-7-5203-7761-4

Ⅰ.①从… Ⅱ.①中…②中… Ⅲ.①法院—社会管理—执行（法律）—研究—宁波 Ⅳ.①D926.22

中国版本图书馆 CIP 数据核字（2021）第 009458 号

出 版 人	赵剑英
责任编辑	孙砚文　李　沫
责任校对	季　静
责任印制	王　超

出　　版	中国社会科学出版社
社　　址	北京鼓楼西大街甲 158 号
邮　　编	100720
网　　址	http://www.csspw.cn
发 行 部	010-84083685
门 市 部	010-84029450
经　　销	新华书店及其他书店
印　　刷	北京明恒达印务有限公司
装　　订	廊坊市广阳区广增装订厂
版　　次	2021 年 1 月第 1 版
印　　次	2021 年 4 月第 2 次印刷
开　　本	787×1092　1/16
印　　张	7.25
插　　页	2
字　　数	98 千字
定　　价	45.00 元

凡购买中国社会科学出版社图书，如有质量问题请与本社营销中心联系调换
电话：010-84083683
版权所有　侵权必究

项目组负责人：
  田　禾　中国社会科学院国家法治指数研究中心主任，法学研究所研究员
  吕艳滨　中国社会科学院国家法治指数研究中心副主任，法学研究所研究员、法治国情调研室主任

项目组成员：（按照姓氏汉字笔画排序）
  王小梅　王祎茗　车文博　冯迎迎　刘雁鹏　米晓敏
  胡昌明　洪　梅　栗燕杰

执笔人：
  王祎茗　吕艳滨　田禾

摘要： 经历了"基本解决执行难"攻坚之后，全国法院执行工作面临如何建立长效机制、推进切实解决执行难的课题。宁波市中级人民法院紧扣时代命题，贯彻善意、文明执行理念，结合自身实际，创新执行机制，将诚信理念嵌入执行案件全案件周期，引导诚信诉讼，依托网格加强办案能力，加强智慧执行和阳光执行，并开创性地建立了自动履行正向激励机制和信用修复两项机制。宁波法院的自动履行正向激励机制和信用修复两项机制通过正面引导，以柔性的方式促进当事人恪守诚信、主动履行法院裁判确定的义务，不仅在从源头上推动切实解决执行难综合治理、化解司法难题方面进行了实践探索，还在营造"守信光荣、失信可耻"的社会氛围，推动社会信用体系建设，助力优化营商环境，促进国家治理体系和治理能力现代化等方面作了有益尝试。

关键词： 执行难；社会治理；信用体系建设；诚信；营商环境

Abstract: After the uphill battle for "basically overcoming the difficulties in enforcement", now courts throughout China are faced with the task of establishing a long-term mechanism for the effective solution the difficulties in enforcement. In recent years, the Intermediate People's Court of Ningbo Municipality, by focusing on the epoch topics and adhering to the idea of good-faith and civilized law enforcement, has innovated the enforcement mechanism in light of its actual situations, embedded the idea of good faith into the whole process of handling of enforcement cases, guided the parties in instituting proceedings in good faith, built the case-handling capacity by relying on the grade system, strengthened intelligent enforcement and sunshine enforcement, and creatively established the positive incentive mechanism for voluntary performance of obligation and the credit restoration mechanism. Through these two mechanisms, the court has, in a flexible way, encouraged the parties to abide by the principle of integrity and voluntarily implement their obligations established by court judgments, thereby not only carrying out practical explorations in the comprehensive treatment of the difficulties in enforcement and solving judicial problems at their sources, but also making useful attempts in creating a social atmosphere in which "it is honorable to keep faith and shameful to break faith", constructing the social credit system, optimizing business environment, and modernizing the system of and capacity for state governance.

Key Words: difficulties in enforcement; social governance; the construction of the social credit system; good faith; business environment

目 录

前言 ……………………………………………………………… (1)

上 篇

一 综合治理执行难助推诚信建设的制度机制构建 ………… (5)
二 将诚信理念嵌入全案件周期 ……………………………… (7)
 （一）诚信诉讼——打击虚假执行，维护司法公信力 …… (7)
 （二）依托网格——执行办案与综合治理的良性互动 …… (10)
 （三）正向激励——鼓励自动履行切实推进案结事了 …… (12)
 （四）信用修复——鼓励诚信守法重振中小企业生机 …… (16)
 （五）执行保险——把当事人胜诉权益放进
    "保险箱" ……………………………………………… (20)
 （六）智慧执行——为维护诚信的行动插上智慧羽翼 …… (22)
 （七）阳光执行——以可视的方式促进诚信维护权威 …… (24)
三 深度参与社会治理的实践场景运用 ……………………… (26)
 （一）维护并有效参与优化良好营商环境 ………………… (26)
 （二）阻击新冠肺炎疫情，助力复产复工 ………………… (28)
 （三）为国家信用体系建设提供典型示范 ………………… (30)
 （四）推动依法治理，营造诚信守法氛围 ………………… (32)
四 宁波综合治理执行难的经验与启示 ……………………… (34)
 （一）解决问题，完善制度，探索理论深度 ……………… (34)

（二）寻求能动司法与司法被动性间的平衡 …………… （37）
（三）保持社会治理多元主体之一的清醒认知 ………… （38）
五　展望 ……………………………………………………… （41）

下　篇

实践探索创新　理论引领发展
　　——在司法裁判自动履行正向激励和信用修复
　　机制理论研讨会上的主旨发言 …………… 陈志君（49）
完善诚信机制要把握伦理性与科学性的
　　有机统一 ……………………………………… 陈　甦（54）
发挥自动履行正向激励机制作用，推动
　　形成"自动履行为主、强制执行为辅"新格局 … 魏新璋（60）
信用修复需要注意的几个问题 …………………… 田　禾（67）
宁波两项机制的制度效应 ………………………… 肖建国（72）
执行领域信用激励机制的法治化思考 …………… 王　伟（78）
司法裁判自动履行激励机制的几点
　　看法 …………………………………………… 陈柳裕（85）
民事执行中信用惩戒措施的功能定位 …………… 谭秋桂（88）
基于信用监管理念看两项机制 …………………… 李　伟（94）
信用修复制度运行的实践困境与
　　优化路径 ……………………………………… 连光阳（98）

附　录

关于《宁波市人民代表大会常务委员会关于推进
　　自动履行机制创新切实解决执行难问题的
　　决定（草案）》的说明 ……………………… 彭朱刚（102）
宁波市人民代表大会常务委员会关于创新自动履行
　　机制推进切实解决执行难问题的决定 ……………… （106）

前　言

宁波市位于中国东南沿海地区，以长三角"鱼米之乡"为依托，拥有发展外向型经济得天独厚的优良海港，历来以经济发达闻名于世。雄厚的经济实力背后，是绵延数千年的中华文明浸润，特别是义中求利、恪守诚信的"宁波帮"营商文化，集海洋文化的开拓进取与农耕文化的勤劳质朴于一体，已成为宁波文化脉络中熠熠生辉的一颗明珠。宁波的诚信基因是习近平总书记提出的"求真务实、诚信和谐、开放图强"的浙江精神的有机组成部分。

宁波人善于解放思想，敢于先行先试。宁波法院审判执行工作在良好的社会文化氛围之下开拓创新，步步为营，在"基本解决执行难"过程中求真务实，效果显著，宁波市中级人民法院也因此荣获全国法院"基本解决执行难"工作先进单位。

"基本解决执行难"阶段性目标顺利实现之后，执行工作应当在坚实的基础上站得更高，看得更远，更加有所作为，不负人民群众的殷切期盼。中央全面依法治国委员会《关于加强综合治理从源头切实解决执行难问题的意见》指出，要进一步健全完善综合治理执行难工作大格局，推进执行联动机制建设，强化执行难源头治理。《最高人民法院关于深化执行改革健全解决执行难长效机制的意见——人民法院执行工作纲要（2019—2023）》将"积极参与并推进构建完善的社会诚信体系"作为源头治理执行难的重要举措。宁波市中级人民法院紧扣时代命题，贯彻善意、

2　前　言

文明执行理念，结合自身实际，创新执行机制，开创性地建立了自动履行正向激励机制和信用修复两项机制。自动履行正向激励机制和信用修复两项机制的建立也与国务院办公厅 2019 年出台的《关于加快推进社会信用体系建设构建以信用为基础的新型监管机制的指导意见》（下称《意见》）的政策精神相一致。该《意见》明确提出："探索建立信用修复机制。失信市场主体在规定期限内纠正失信行为、消除不良影响的，可通过作出信用承诺、完成信用整改、通过信用核查、接受专题培训、提交信用报告、参加公益慈善活动等方式开展信用修复。修复完成后，各地区各部门要按程序及时停止公示其失信记录，终止实施联合惩戒措施。加快建立完善协同联动、一网通办机制，为失信市场主体提供高效便捷的信用修复服务。鼓励符合条件的第三方信用服务机构向失信市场主体提供信用报告、信用管理咨询等服务。"

宁波法院的自动履行正向激励机制和信用修复机制通过正面引导，以柔性的方式促进当事人恪守诚信、主动履行法院裁判确定的义务，不仅在从源头上推动切实解决执行难综合治理、化解司法难题方面进行了实践探索，还在营造"守信光荣、失信可耻"的社会氛围，推动社会信用体系建设，助力优化营商环境，促进国家治理体系和治理能力现代化等方面作了有益尝试。

从严守诚信、主动树立诚信，到营造风清气正的社会氛围，标志着宁波法院执行工作境界的显著提升。宁波法院执行工作历经"三重境界"：第一，"基本解决执行难"，严守诚信底线；第二，善意文明执行，向切实解决执行难进发；第三，构建守法诚信的营商环境，营造风清气正的社会氛围，主动参与社会治理。奖惩并重、刚柔相济、分级分类监管的信用工作体系正在宁波逐渐形成。宁波市中级人民法院构建的主动作为、整合资源、关口前移、多元参与、综合施策、智慧治理、手段创新的司法治理大格局为国家法治建设提供了鲜活并宝贵的经验。

上 篇

一 综合治理执行难助推诚信建设的制度机制构建

创新举措，制度先行。建章立制的目的是为了在推进相关工作的同时对其进行规范，事先设定行为边界，避免逾矩违规。宁波法院执行工作的各项举措皆注重事前设立制度保障，充分体现出司法工作一以贯之的严谨审慎态度。

2020年3月，中共浙江省委全面依法治省委员会出台《关于加强综合治理从源头切实解决执行难问题的实施意见》，要求加强守信正向激励，引导督促更多债务得到履行，构建自动履行为主的治理体系。2020年5月13日，中共宁波市委全面依法治市委员会印发《关于加强综合治理从源头切实解决执行难问题的实施意见》，明确协调工作领导小组包括市委组织部、宣传部、交通委等47家成员单位，涉及工作任务34项。宁波市中级人民法院同步研究出台了加强执行综合治理的行动方案，从转变思路、推进联动、强化威慑、规范管理等11个方面，对全市执行工作作出规划和部署，全力构建综合治理执行难大格局。2020年10月28日，宁波市人民代表大会常务委员会出台《关于创新自动履行机制推进切实解决执行难问题的决定》，以地方立法方式要求地方公共信用建设综合部门及负有信用奖惩职能的相关部门以及金融机构，建立推进自动履行的联合制度体系和工作机制；以强化强制执行、提高失信惩戒威慑力为基础，通过自动履行正向激励和失信被执行人信用修复等机制，引导、督促当事人自动履行生效法律文书确定的义务，形成自动履行和强制执行双向发力、相互促进的司法环境，切实解决人民群众关心的执行难问题，促进社会信用体系建设。

早在2019年9月，宁波市中级人民法院就会同市发展和改革委员会联合制定了《关于建立完善信用奖惩机制加强执行案件源头治理的指导意见》，提出"建立自动履行正向激励机制""建立失信被执行人信用修复激励机制""完善深化失信被执行人联合惩戒工作机制""规范失信被执行人名单退出机制""开展失信被执行人信用修复培训和宣传"五项指导意见。宁波市中级人民法院还同期发布了《宁波市中级人民法院关于在全市法院全面推行失信被执行人信用修复激励机制破解执行难问题的实施方案》和《宁波市中级人民法院关于在全市法院全面推行自动履行正向激励机制助力执源治理的实施方案》。2020年3月，为加强自动履行正向激励及信用修复两项机制建设的组织协调，宁波市中级人民法院和宁波市信用宁波建设领导小组办公室联合发布《关于建立自动履行正向激励及信用修复机制联席会议制度的通知》，明确了联席会议的成员单位和职责分工。

在实际操作过程中，宁波两级法院坚持主动作为，积极争取相关单位出台红利清单，相继协调浙江农商银驻甬办事处、宁波银行出台《企业诚信履行贷款业务管理办法》，规范企业诚信履行贷款业务的操作与管理。

构建好制度是综合治理执行难助推诚信建设的基础，有了制度，才能将好的做法和行之有效的经验固化，有了实施机制才能避免实际操作中的随机随意。宁波法院恰恰抓住了这个关键点，注重用制度固化创新成果、用机制促进执行工作规范化建设。

二　将诚信理念嵌入全案件周期

执行工作是人民法院审判执行业务的末端，是实现公平正义的最后环节。执行工作关系到生效裁判所确定的义务等能否得到切实履行、债权人的债权能否得到真正保护，关系到司法权威和公信力。但诚如2016—2018年两到三年时间"基本解决执行难"阶段人们所普遍认识到的，执行难是一个复杂的社会问题，解决执行难是一项系统工程，难以依靠"头痛医头脚痛医脚"的方式得到切实实现，需要全社会齐抓共管、综合治理，更需要树立起诚信守法的社会风气，实现社会治理的长远目标。就法院业务而言，则需要审判执行各个环节实现有机联动，将善意文明和源头治理的理念贯穿于全案件周期之中，奠定坚实的解决执行难的司法基石。

（一）诚信诉讼——打击虚假执行，维护司法公信力

司法实践中，一些当事人利用"诉讼外衣"，采取不诚信甚至虚假手段谋取不当利益，为案结事了设置了障碍，为切实解决执行难埋下太多不确定因素，极大地损害了司法公信力。宁波法院针对诉讼案件本身是否真实的诚信问题探索建立了诚信诉讼评价机制，以信用惩戒倒推诚信建设，设立不诚信诉讼"黑名单"和"黄名单"，对虚假诉讼进行打击，以避免司法裁判、执行沦

为少数当事人谋取不法利益的工具，维护司法公信力。执行阶段同样存在虚假诉讼、不诚信诉讼的现象，并呈现出一些类型化的特征。宁波法院就执行阶段发生的虚假诉讼案件进行归类，总结出不诚信诉讼行为的司法经验，有的放矢地提出应对举措，充分利用诚信诉讼评价机制和拒不执行判决、裁定罪等相关规定，联合公安机关、检察院和金融机构等共同打击此类行为。

例如，宁波余姚市人民法院（下称"余姚法院"）较早进行诉讼信用评估体系开发试点，以当事人及诉讼参与人在诉讼过程中的不诚信诉讼行为为评价对象，构建起了一套可量化、可评估、可应用的诚信诉讼评价体系，对于维护司法秩序，提升司法公信力、推进社会信用体系建设具有十分重要的意义。余姚法院将信用码用于执行工作，根据被执行人在案件执行过程中的具体表现，用红、橙、黄、绿四种颜色对其进行分级标识，这套执行信用工作机制对执行案件实现了动态管理。余姚法院通过文件，把分级标注信用码颜色的具体条件、情形明确列举出来，避免了主观评价影响司法公正情形的出现；四色诚信码之间并非不可转换，根据文件规定的具体情节可予以"升级"或"降级"等，实现对当事人信用的动态评价，并使这种动态评价具有修复信用的功能；针对持有不同颜色信用码的当事人，还通过文件规定了符合法律法规且具有针对性的措施；执行信用码根据被执行人当前表现实施动态管理，对符合转换条件的被执行人，可依申请或依职权变更执行信用码；案件承办人应及时将被执行人的执行信用码、变更情况及转换规则通过移动微法院等方式告知双方当事人，并定期在大众媒体、法院网站、微信公众号、公告栏等进行公告。余姚法院以诉讼诚信评估推进诚信诉讼建设的探索由来已久，创新性构建的覆盖诉讼全流程的诚信评估指标体系，在执行领域的应用效果显著，在理论探索方面余姚法院也已有所建树，因此这项评估无论对指导审判而言，还是对司法理论研究而言，都具有极强的示范借鉴意义。

再如,"买卖不破租赁"是民法上的一项重要规则,但在当下的执行实务中,申请执行人经常遇到因买卖不破租赁而致使被抵押的房屋处分贬值或处分不能的情形,其中以被执行人与案外人恶意订立租赁合同阻碍执行尤甚。针对虚假租赁行为,慈溪市人民法院(下称"慈溪法院")总结出了一整套发现问题和处理应对的经验。慈溪法院发现,虚假租赁主要集中于以下几类案件:(1)被执行人反映案件已实际履行完毕或无案件所述情形(主要可能出现在缺席判决中);(2)案外人提出带租拍卖执行异议;(3)案外人、利害关系人在案件执行过程中提出虚假的抵押关系、公证债权等;(4)案件本身逻辑与常识常理明显不符的;(5)在案款分配前,大量涌入同一被执行人的执行案件,且执行依据为调解书或公证债权文书,要求参与分配。一旦出现上述情形,执行法官必须提高警惕。通过对此类真实案件的反复推敲,慈溪法院归纳出虚假租赁的常见特征,即承租人租赁的必要性、租赁价格、租期、租金支付方式等可能违背一般常理或交易习惯的情形。有鉴于此,执行法官需要通过仔细审查租赁合同文本、认真听取租赁合同当事人陈述、有针对性地询问研判相关要素、找准关键点切入判断等方式对虚假租赁案件进行识别。为强化法官的审查责任,慈溪法院建立了带租拍卖审批备案制度,层层把关杜绝纰漏。

在发现疑似或确实的虚假租赁后,执行法官如何处理应对也有明确的指引。首先,强化承租人的举证责任,不能只是向法院提供租赁合同,还应对其租赁符合受保护的条件进行举证,既要证明租赁合同合法有效,也要证明其在抵押、查封前已实际占有涉案房屋。其次,通过对案外人进行必要的谈话释法、对被执行人采取强制措施、与律师等法律工作者谈话,以及必要时向有关部门发出司法建议等方式,对不诚信行为形成有力震慑。最后,严厉打击经查实的虚假租赁行为,对相关责任人予以罚款、拘留,对于被执行人设置虚假租赁妨碍法院执行,致使申请人相关合法权益无法得到实现，涉嫌构成拒不执行判决、裁定罪的，应移送公安立案侦查，并对已查处打击的虚假租赁案件，加大公开力度，以儆效尤。

在总结各试点经验的基础上，宁波市中级人民法院执行局制定出台了《关于在办理执行案件中识别、防范和打击虚假诉讼、虚假租赁的工作指引》，详细列举了涉执案件中存在虚假诉讼、虚假租赁的几种情形及处理措施，为确保全市法院开展"整治虚假诉讼专项活动"往深里走、往实处走，提供了指导意见。辖区各法院结合工作实际，制定了相应的详细实施规则，较好地从源头上防止了涉虚假诉讼、虚假租赁执行案件进入法院。

打击遏制虚假诉讼尤其是规制执行环节的虚假诉讼行为，有助于从源头上遏制一批执行不能案件的产生，节约司法资源，打击虚假、不诚信的行为，引导各方主体尊重司法裁判、提升司法公信力。

（二）依托网格——执行办案与综合治理的良性互动

解决"执行难"是一项系统的社会工程，执行工作牵涉广泛，是社会治理工作中的重要一环。为此，应加强基层网格化管理对执行工作的支撑作用。早在2016—2018年的两到三年时间"基本解决执行难"的过程中，全国各地就已经注意到利用当地的网格化管理机制，以大大提升法院查人找物能力。《最高人民法院关于深化执行改革健全解决执行难长效机制的意见——人民法院执行工作纲要（2019—2023）》提出，要"充分发挥基层党组织作用，依托基层综治中心，将协助执行工作纳入基层社会治安综合治理网格化管理的内容，整合各方面资源，建立基层综治网格员协助送达、查找当事人、协查财产线索、督促履行、化解涉执信访、开展执行宣传等工作机制"。而宁波法院则进一步发挥网格管理在助力解决执行难中的作用，不仅注重执行工作与网格管理的有机结合以提升查人找物能力，更注重推进执行办案与网格管理的良性互动，借助综治改革网格化，将执行工作与基层网格有效结合，实现执行工作与基层社会治理的有机融合。

一方面，综治网格可以有效协助执行干警查人找物。自2017年起，宁波市宁海县人民法院（下称"宁海法院"）执行指挥中心创新接入基层社会服务管理综合平台，利用县域内1870名乡镇网格员的末梢力量，实现对被执行人信息和行踪的全面收集。宁海法院执行指挥中心办公室配置专用电脑接入"宁波市基层社会服务管理系统"，设专人作为网格联络员，负责事项对接，通过传真、微信等方式向乡镇（街道）综合指挥室发出执行协助调查函，并通过专用账号收集线上反馈信息，根据线下实况，指令值班备勤干警作出快速反应，第一时间控制被执行人财产，实现对人与财的动态监控。综治网格助力法院执行工作的制度机制充分考虑到网格员对负责区域走访巡查频率高，把握信息全面、更新快等特点，将协助调查的范围主要确定为被执行人动向、家庭成员情况及财产状况等较为复杂的内容，尤其是未经登记的农村集体性房产等法院现有线上财产查控平台难以触及的财产，逐步建立"网上普及性查控""网格员渗透性协查"两种模式相结合、互补充的全方位执行联动机制。

另一方面，执行法官下沉网格，力求在基层实现执源治理。执行法官入网格不仅可以有效宣传拒不履行生效法律文书的后果，加大对潜在类案被执行人的威慑，督促其自动履行，对那些未进入执行立案的案件做到有效化解，从源头减少执行案件数量，同时也可以依托网格平台，借助基层网格员力量，做好释法明理工作，厘清"执行不能"与"执行难"的区别，加大初信初访化解力度。2019年，慈溪法院出台《关于加强"网格法官"队伍建设的实施意见》，发挥执行法官业务优势，加大与网格长、网格员沟通联络，了解好、掌握好、处理好所在网格潜在涉执案件，切实加大执源治理力度。同时，该法院出台《慈溪市人民法院关于网格员参与法院辅助事务的补贴办法（试行）》，引入网格员参与司法辅助事务，充分发挥网格优势，加大对被执行人行踪的查找和线下财产调查力度，切实提高执行效率。

网格是各地基层社会治理的重要单元和重要手段。充分有效利用网格，不但扩展了执行工作的"眼"和"腿"，让化解执行工作查人找物难题有了坚实的群众基础，更加通过前端的苗头预防、普法宣传、矛盾化解，为从源头切实减少执行案件创造了条件。

（三）正向激励——鼓励自动履行切实推进案结事了

正向激励是指通过正面的评价和积极的措施，调动人的积极性，使其主动继续实施其行为的做法。这一概念与通过负面评价和惩罚性措施迫使当事人作出某种行为的反向刺激相反。法院切实解决执行难不仅要依靠严格执法、有效威慑、严厉惩戒督促被执行人履行，还需要正面引导激励，鼓励当事人自觉主动履行债务，减少对抗、降低司法成本与社会成本。为引导和督促当事人自动履行，2019年7月，宁波市镇海区人民法院（下称"镇海法院"）建立了全国首个当事人自动履行正向激励机制，充分发挥"立审执破"全流程各环节功能，并在金融、行政、司法等领域实施联合激励措施，通过联合各相关部门实施正向激励的方式，引导、鼓励当事人在"执行前"自动履行，依法保障胜诉当事人及时实现权益，减少进入执行程序的案件数量，推动执源治理，努力实现党中央提出的切实解决执行难的目标任务，并持续推进形成法院生效法律文书"自动履行为主、强制执行为辅"的工作格局，促进社会信用体系建设。

自动履行正向激励机制的主要做法是由法院筛选在全国范围

内没有其他在审案件、没有未履行执行案件、当前案件已自动履行的当事人，并将名单推送给联动激励单位，由联动激励单位给予这些当事人相关救助、帮扶的"红利"措施。

为诚信履行当事人确定的激励举措有以下10个方面。

（1）依法减免案件受理费。对于自动履行完毕的案件，符合条件的，经当事人申请，法院可依法减免案件受理费。

（2）发放自动履行证明。对于自动履行完毕的案件，经当事人申请，法院出具《自动履行证明书》。对其中在全国法院没有被执行案件的当事人，纳入诚信履行名单，并实行动态调整。

（3）提供诉讼服务便利。法院为纳入诚信履行名单库的当事人设置诉讼服务绿色通道和诉讼服务专窗。

（4）降低诉讼保全成本。纳入诚信履行名单库的当事人申请诉讼保全的，法院可依法免予提供担保或降低其保证金比例。

（5）开通行政审批绿色通道。行政机关为纳入诚信履行名单库的当事人提供"先行受理""承诺办件"等便利服务，依法优先办理行政审批、资质审批、资质审核、备案等手续。

（6）纳入招投标项目评审。在政府项目招投标过程中，将诚信履行情况纳入评审范围，对纳入诚信履行名单库的当事人实行同等条件下择优赋分等待遇。

（7）给予财政性资金扶持。在实施财政性资金扶持项目和政府采购时，将诚信履行情况作为重要参考。

（8）纳入企业评定和纳税信用评价。将诚信履行情况作为推荐"守合同、重信用"企业的重要参考，同时纳入纳税信用评价，并为其开通绿色通道。

（9）纳入相关信用平台。将诚信履行名单纳入"信用宁波"网站红名单和宁波市普惠金融信用信息服务平台，其中的企业名单推送至蚂蚁金服旗下的芝麻信用平台。

（10）给予授信融资支持。优先为纳入诚信履行名单库的当事人搭建融资平台，积极协调区域金融机构在贷款授信额度和利率等方面给予相应优惠，金融机构将诚信履行情况作为优良记录录入各自信用信息基础数据库。宁波镇海农村商业银行专门推出"诚信履行贷"产品，为诚信履行的当事人提供融资便利及优惠。

其中，金融机构的"诚信履行贷"金融产品发挥的激励作用尤其突出，为自动履行正向激励机制的进一步发展提供了更为便捷有效的路径。实践中，一部分当事人因为投资、经营不善而负债成为被执行人，有清偿债务意愿，但既无力偿付债务，又因失信惩戒机制而遇到融资难、经营难等问题，陷入恶性循环之中，以至于自身经济状况无从改善，更难以履行债务。为此，自动履行正向激励机制引入"诚信履行贷"，为"放水养鱼"、盘活社会资源、切实解决执行案件提供了可能。"诚信履行贷"的发放对象是已自动履行完毕法律义务的当事人，包括企业法人和自然人。该产品具有授信额度高、担保方式灵活、授信期限长、贷款利率低等特点。以最先联合法院开展此项业务的宁波镇海农村商业银行为例，其提供的"诚信履行贷"在实现精准帮扶的同时，更兼具了"足额、便捷、便宜"等金融服务独特的优势。"足额"是指贷款额度"有保障"，企业授信额度最高2000万元，自然人授信额度最高500万元，银行提供信用、保证、抵（质）押等多种担保方式，授信期限最长可达3年；"便捷"是指服务效率"有保障"，借款人可凭自动履行证明书及相关有效证件至银行申请办理，银行承诺3分钟完成授信申请，3天内完成授信审批，3小时内完成用信受理，3分钟完成二次用信线上续贷，让业务办理"最多跑一次"；"便宜"是指低廉成本"有保障"，宁波镇海农村商业银行根据借款人的案件情节影响情况、自动履行情况、生产经营情况、还款来源以及担保落实等综合情况，最低以央行LPR利率予以支持，努力帮助借款人最大程度降低融资成本。

法院工作人员在案件执行完毕后，专门告知当事人"诚信履行贷"申请政策，引导当事人申请金融服务。法院与金融机构建立了信息共享平台,由法院向金融机构提供自动履行人员信息清单。在法院与当事人先期沟通的基础上,金融机构派出专员与当事人进行联系,宣讲自动履行政策与"诚信履行贷"业务办理要点。针对有申贷意向的当事人,金融机构随即开展准入调查与授信额度评定,第一时间发放贷款满足借款人融资需求。金融机构提供诚信贷金融产品的做法,不仅解决了企业和个人招投标、融资等燃眉之急,更有助于外界真实了解当事人的诚信情况,最大程度帮助当事人卸下心理包袱,有利于企业和个人的长期发展。

自动履行正向激励机制自2019年8月在镇海法院运行以来,取得显著成效。2019年下半年自动履行案件数环比增加94.1%,自动履行金额是上半年的8.42倍,执行案件总数环比下降13.6%,初次执行案件环比下降22.46%。2020年1—9月,民商事自动履行案件601件,同比上升72.2%;首次执行案件1352件,同比下降25.06%;调解案件的申请执行数下降更为明显,2019年上半年、下半年调解结案分别为790件、924件,截至2020年9月,分别有368件、254件调解案件申请执行,申请执行的比例由47%降至27%;自动履行金额8874万元,同比上升40.2%,累计督促自动履行案件860件,履行金额12378.5万余元。"自动履行为主,强制执行为辅"的格局正在加速形成。

相对于拒不履行生效判决而采取的负面评价,自动履行正向激励机制转换了执行案件办理的工作思路,给有履行意愿、有履行能力的当事人一次自新的机会,变负面评价、处处设限、严厉打击为正向激励、帮扶救助,使执行办案在保持强制力、威慑力的同时,更加具有"温情",更加体现司法对社会关系的修复功能,这对于加强执源治理、切实解决执行难、有效改进当地社会治理必将起到巨大的推进作用。当然,这一做法是在自动履行率尚不理想,执行难现象尚未彻底解决的现阶段需要采取的权宜之计,以动态发展的眼光看是暂时性措施,并且需要严格遵守法律底线,在操作中可能突破现有制度的问题需要引起警惕,具体激励措施应该经过充分讨论并谨慎适用。

（四）信用修复——鼓励诚信守法重振中小企业生机

2016—2018年"基本解决执行难"时期，失信被执行人名单制度和限制高消费制度作为法院加大执行强制力的两种主要手段收到了良好的社会效果。在社会各界的支持下，已经形成了"一处失信，处处受限"的联合信用惩戒格局，有力地震慑了被执行人，有效打击了规避执行、拒不履行等行为，显著提升了司法权威，并有助于在全社会形成"欠债还钱""失信可耻"的氛围。但是在信用惩戒措施实施过程中，有部分被执行人虽暂无履行能力，但能主动申报财产，积极配合法院工作，主动寻求执行和解，履行意愿强烈，只因其被纳入失信黑名单，社会评价降低，社会活动能力受限，履行能力进一步被削弱，信用惩戒在这部分案件中的社会效果并不理想，甚至于执行办案的强制性、权威性在此类案件中可以发挥的作用不大。如何有效发挥失信惩戒措施、威慑惩戒与激励改正的双重功能，是探索构建综合解决执行难长效机制的一大课题。针对这样的现实问题，宁波法院也进行了积极探索。宁波市江北区人民法院（下称"江北法院"）自2018年年初成立课题组，开始探索建立失信被执行人信用修复制度，出台了《失信被执行人信用修复激励办法》。经过一年多的实践摸索和发展完善，该院于2019年1月对该办法进行了重新修订，制度效果逐渐显现。

信用修复是指，人民法院对进入执行阶段后，对被纳入信用修复名单但有履行意愿却无履行能力的单位和个人，暂时将其从失信被执行人名单库中加以屏蔽，并有条件地取消对其采取的限制高消费和限制出入境措施；采取限制政策性帮扶措施的，法院为其出具解除限制建议；被执行人申请用被查封财产融资的，协助其充分发挥资产的融资功能；申请使用被查封财物的，附条件解除查封手段保障其正常的生产经营。

江北法院《失信被执行人信用修复激励办法》明确规定了信用修复激励的原则、条件、程序等内容，鼓励有履行意愿的当事人主动纠正失信行为，积极申请信用修复。同时，法院积极倡导协调相关部门在信用管理上给予一定的正向激励。

《失信被执行人信用修复激励办法》规定了适用信用修复的条件，即失信被执行人虽未完全履行生效法律文书确定的义务，但同时具备下列情形的，可向法院申请信用修复：（1）经传唤于规定时间到达法院配合执行；（2）严格遵守财产滚动申报规定；（3）严格遵守限制消费令；（4）配合法院处置现有财产；（5）有部分履行行为及明确的履行计划。但下列失信被执行人不得申请信用修复：（1）以伪造证据、暴力、威胁等方法妨碍、抗拒执行的；（2）以虚假诉讼、虚假仲裁或以隐匿、转移财产等方法规避执行的。

失信被执行人申请信用修复的，应当由其本人向法院提出书面申请，并就其配合传唤、报告财产、配合处置现有财产、合理还款计划、提供担保情况及社区、行业协会建议等提交证明材料。承办人收到申请人提交的信用修复的申请后，应当对申请材料进行审查核实，并组成合议庭进行合议。根据《失信被执行人信用修复激励审查评分办法》对失信被执行人进行评分。评审内容包括"必备要件项"和"赋分评查项"，审查采取100分评分制，在"必备要件项"中，违反其中任何一项则对修复资格予以"一票否决"，这些项目同时具备时，被执行人得基本分60分。"赋分评查项"可按照不同子条目分别进行信用赋分，总得分最高为40分，进而得出对被执行人信用状况的综合评分。合议庭在3个工作日内作出是否同意修复信用的书面决定，分值达到信用修复标准的，作出信用修复决定书，在3个工作日内将其从失信被执行人名单中屏蔽，并解除其出行方面的消费限制；合议庭认为不符合信用修复条件的，被执行人在 6 个月内不得再次申请。执行法官、合议庭等发表的意见及评分情况均需记录在案，防止审查工作的随意性。失信被执行人申请信用修复未被允许的，可在本次申请 6 个月后再次提出申请。申请执行人对法院暂停被执行人信用惩戒有异议的，可向法院提出执行异议。以虚假诉讼、虚假仲裁或以隐匿、转移财产等方式规避执行，以暴力威胁等方式妨碍抗拒执行的被执行人，不得申请信用修复。

江北法院 2018 年制定的《失信被执行人信用修复激励审查评分办法》规定暂停信用惩戒的同时，通常也自然取消了高消费限制。但在实践过程中发现，如果对 9 项规定的限制高消费措施全部予以取消，则可能会导致通过暂时取消信用惩戒带来的红利不能最大可能地用来偿还债务，进而导致损害申请人的利益。而司法解释并没有规定 9 项限制高消费措施必须全部限制，可以视情况选择性地对部分消费行为进行限制。故江北法院在 2019 年修订办法时对部分被执行人采取信用修复激励的同时，也对部分与再创业创新无关的消费行为予以继续限制，比如"购买不动产，或者新建、扩建高档装修房屋""旅游、度假""支付高额保费购买保险理财产品"。当事人如有违反，则会加大处罚力度，甚至可以追究其刑事责任。

信用修复是人民法院为了激励暂时没有履行能力的被执行人干事创业的信心，增强履行能力而采取的一种善意执行措施，为防止被执行人借此制度转移财产，逃避执行，法院对已获得信用修复的被执行人，每三个月滚动考核一次，根据其财产变动申报、工作收入情况、履行计划实际履行情况进行评分，另行组成合议庭决定是否继续进行信用修复或取消信用修复。

为了使暂时失去履行能力的被执行人继续创业，提高履行能力，暂时解除其信用惩戒及部分限高措施仅仅是法院能给予的帮扶措施，但企业复工复产，个人继续创业尚需其他政府相关部门的政策扶持。为此，作为首个试点的江北法院与区发展和改革委员会、区市场监督与管理局、区金融工作办公室联合发文,让已经获得信用修复的企业和个人在政府资金扶持,招投标、市场准入,贷款等方面不因其尚有未了执行案件而受到负面评价,并获得正常的参与资格。而这种联动的激励措施现今已在宁波全市逐步推广。2018年至2020年9月30日,宁波全市法院对1211个主体开展了信用修复。

信用修复是以执行工作强制性以及"一处失信、处处受限"机制为强大后盾的,该机制的引入无疑是对原有失信惩戒机制的完善和优化,是落实善意文明执行理念的直接体现。根据《最高人民法院关于公布失信被执行人名单信息若干规定》,一般情况下,当事人被列为失信被执行人后,只有全部履行义务、申请执行人申请删除信息、案件终本后确实无财产可供执行以及超出纳入失信被执行人名单法定期限的情形下,才可以删除其失信信息。根据《最高人民法院关于限制被执行人高消费和有关消费的若干规定》,一旦被列为失信被执行人,法院必须将其纳入限制高消费名单,在未全部履行债务前,只有"被执行人提供确实有效的担保或者经申请执行人同意的,人民法院可以解除限制消费令"。从上述两个司法解释看,如未履行全部债务,只有申请人同意才能将其从失信被执行人名单中删除或撤销对其的限制消费令。对于部分陷入经营困难暂时失去履行能力却前景良好的企业,这两项制度如果僵化地执行则可能变成压死骆驼的最后一根稻草,将彻底使想东山再起的企业和个人重新创业创新的希望破灭。法院制定严格的条件和程序,在申请执行人不同意的情形下,法院有权决定先行将其从失信被执行人名单中屏蔽及取消限制消费令,有效弥补了法院在失信被执行人名单及限制高消费令执行过程中的缺位,避免两项制度走向僵化与教条,为营造良好的营商环境提供了有力的保障。

今后,信用修复制度的进一步完善应当以精准的信用分级评价体系的建立为前提,以失信的程度等级来决定是否应该启动信用修复程序以及修复至何种状态。由此实现信用惩戒和信用修复制度的平衡与良性互动，并实现信用治理标准化、规范化的目标，通过信用手段引领社会直达公正以为治的理想状态。

（五）执行保险——把当事人胜诉权益放进"保险箱"

想要营造良好的社会诚信氛围，在极端状况下就需要有相应制度进行"兜底"。长期以来，执行不能案件，尤其是刑事附带民事诉讼执行不能案件，一直是人民法院工作的痛点。一部分执行案件的产生起因于一定的社会风险、经营风险，由于经济社会形势乃至被执行人自身偿付能力的限制，债权人的权利难以得到有效实现，简单将这类无法实现债权的风险归于债权人无益于矛盾化解和社会稳定。为此，宁波法院自2017年开始探索将保险机制引入执行案件办理之中，利用保险机制盘活资金解决一部分执行不能案件中的被害人的燃眉之急。经过多方论证，2017年12月26日，司法援助保险制度落户宁波。司法援助保险制度直面上述问题，让生活上急需得到帮助的部分"执行不能案件"的申请执行人得到一定的补偿救助，从一定程度上缓和了人民群众日益增长的美好生活需要和胜诉权利实现得不平衡和不充分的矛盾。

宁波司法援助保险的投保人是法院，由于先行试点案件范围为涉及人身损害赔偿的刑事附带民事案件执行申请人，故试点期间受益人为涉及人身损害赔偿的刑事附带民事案件执行申请人。宁波法院聘请有关专家根据试点法院前3年刑事附带民事案件数量、申请标的额、到位标的额、未到位标的额等数据，确定保险费，并规定了根据实际运行数据3年一平衡的动态调整机制。2019年，在制度运行1年多后，宁波法院根据实际情况已将分三档的理赔方式调整为理赔未履行到位金额的50%。为了避免保险人过度承担责任，宁波法院规定"执行申请人主动放弃被执行人的履行"和"案件不符合终结本次执行程序的条件"为免责条款。法院受理的刑事附带民事案件判决生效，原告申请强制执行并被立案后，经查询发现被执行人确无财产可供执行的，法院裁定终结该案件的本次执行程序。对于未执行到位的涉及人身损害赔偿的部分金额，申请执行人可向保险公司申请理赔，保险公司对未执行到位金额按合同约定予以理赔，保险公司在理赔后可以就其理赔金额对被执行人进行追偿。

自2018年1月1日至2020年5月31日，宁波市中级人民法院申请财政专项经费投保960万元，赔付额度放大5倍后达到4800万元。已完成84件案件792.15万元的赔付，235人受益。全市法院累计投保1899.1万元，完成209件案件1550.86万元的赔付，459人受益，辖区内奉化区人民法院、鄞州区人民法院和慈溪市人民法院构建的"司法援助保险+慈善基金+司法救助"救助体系，为试点工作进一步拓宽了路径。

司法援助保险在国家治理方式创新方面至少具有以下四个方面的意义。第一，有利于将复杂的矛盾处理化解由无序、反复的博弈转变为清晰、公平、有序、规范的经济契约关系，受害方可以从保险公司直接获得及时的赔偿，从而减轻刑事被害人的痛苦和损失。第二，通过司法援助保险，可以充分发挥市场资源配置的作用，更好地利用保险机构的网点、人员等优势，优化工作流程，节约行政成本，推动政府职能转变，从而实现更加透明、便捷、高效的工作机制。第三，通过司法援助保险，能够平滑财政预算支出，放大财政资金杠杆。第四，通过司法援助保险，有利于疏解社会矛盾、保障人权与公平正义，增加社会稳定因素。研究结果表明，国家对刑事被害人救助具有应然性和正当性，司法援助保险可以弥补国家司法救助制度的不足，使法院怠于执行的道德风险变得可控。今后，宁波法院将从"建立公益与商业并轨的投保机制""建立保险效果定期评估机制""设立并拓展保险专项基金来源""扩大司法援助保险救助范围""统一理赔流程和标准"等方面对这一制度进行完善,以增加制度的适应性和生命力。

(六)智慧执行——为维护诚信的行动插上智慧羽翼

宁波的法院信息化建设始终扎实走在全国前列,有效发挥现代科技对审判执行工作的助推作用,推动信息技术与法院工作深度融合,多个信息化项目首批在宁波试点,进而推向全国。充满信息化"智慧"的执行工作在案件办理、查人找物方面更加精准、高效,让司法工作更加智慧的信息化建设为"基本解决执行难"作出了突出的贡献,也大大提升了人民法院切实解决执行难的信心和底气。高速发展的当代信息技术日益挤压着不诚信行为的生存空间,让逃避执行的伎俩无所遁形,为更好地实现当事人胜诉权益,维护司法权威,树立诚信之风提供了"智慧"支持。

为贯彻最高人民法院关于"主动回应实践需求,推动现代科技与法院工作深度融合,全面推动工具重塑、流程重塑和规则重塑"的精神和要求,宁波两级法院精准捕捉"移动微法院"的前景、意义和优势,着力构建"移动诉讼服务""移动司法协同""移动办案辅助""移动监督管理""移动司法公开"五位一体的移动电子诉讼平台。2017年10月,宁波余姚市人民法院首创"移动微法院"平台;2018年1月,移动微法院在宁波两级法院全面推开。随后,最高人民法院确定宁波法院为全国唯一的"移动电子诉讼试点",推动移动微法院建设进入"快车道",并从技术与需求对接、业务规则制定、安全标准完善等方面协调推进移动微法院建设。以宁波移动微法院为蓝本的移动微法院4.0版,已经在全国推广和应用。

宁波微法院执行模块充分考虑执行干警经常外出办案的工作

特点，重点针对执行工作中长期存在的节点公开不规范、不及时，以及当事人找法官难等问题进行设计。该平台使用微信小程序，无需下载APP，具有轻便、灵活的特征，极大地方便了法官办案和当事人联系法官，其主要价值体现在信息及时推送和告知、见证执行，以及打通内外网数据，便利法官办案和当事人联系法官等方面。

除了让自身工作更加"智慧"之外，信息化手段还能更好地帮助执行工作借助"外脑"，实现执行联动。其一，宁海法院建立宁海法院执行联动"浙政钉微"应用，实现失信被执行人数据库共享、县法院和协助单位线上"点对点"协助执行、联合惩戒工作机制和成效线上反馈，执行联动工作从"线下跑"到"线上跑"。其二，宁波市象山县人民法院（下称象山法院）利用停车收费系统查找被执行人车辆。扣车难是一直困扰执行工作的难点，一方面，中国人均机动车保有量近年来急速增长，机动车已经成为执行过程中较为重要的可变现财产形式；另一方面，或通过当事人以及群众举报的方式了解车辆下落，或通过车辆布控系统，以公安机关之力协助控制车辆，这两种控制车辆的方式，受时空、警力、探头以及卡点分布等因素限制，车辆查控情况往往并不令人满意，致使当事人权益无法得到保障。为此，象山法院由专员对接象山县停车收费系统，该系统覆盖城区主干道及主要停车场，并且采用了地磁车辆检测仪、高清视频抓拍等技术，每月向县行政执行局报送控车名单，录入停车收费系统。收费终端实时向法院反馈车辆信息，利用数据互通，让被执行人车辆"无处遁形"，助力解决被执行人车辆扣押难的问题。

法院信息化是人民法院积极拥抱新科技、适应信息化发展而推进的，是人民法院审判执行工作的重大变革，将智慧法院建设成果应用于执行办案环节，有效提升了办案质效，既将执行权力置于信息化监控之下，确保依法依规办案，又有效提升了法院的执行办案能力，提升了服务干警、服务当事人的效果。

（七）阳光执行——以可视的方式
促进诚信维护权威

"司法公开是促进司法公正、保障司法廉洁、提升司法水平的重要手段，是落实宪法法律原则、保障公民诉讼权利、展示现代法治文明的题中之义，是全面推进依法治国、加快建设法治中国的必然要求。"[①] 执行公开是司法公开的重要一环，是执行规范化的体现，是执行公平公正的保障。宁波法院积极探索"前台+后台"执行模式，软硬兼顾，互联互通，大力优化执行环境，让法院执行工作更加公开透明，让司法制度的良法美意在阳光下彰显。

为进一步完善执行信息公开，大力推进"阳光执行"，切实保障当事人的知情权、参与权和监督权，宁波法院建立了短信告知和微信小程序信息推送机制。执行案件立案后，第一时间将案件承办法官、联系方式等信息通过12368短信平台告知当事人，方便当事人联系法官。在执行过程中，对评估、拍卖、财产查控等各环节信息或承办法官变更等凡应告知事项，均通过12368短信平台向当事人及时进行告知，宁波移动微法院执行模块已经实现冻结、查封等十一个重要执行节点信息的自动推送，并向当事人公开；借助多媒体采集和文字信息采集，实现调查、冻结、查封、扣押、搜查、终本约谈评估六个节点的采集和同步推送；以往因当事人抵触而推进困难的"终本约谈"节点实现模块化推送。上述告知功能列为办案必经程序，确保法官与当事人之间的信息对称，消除当事人的疑虑和误解。

宁波两级法院均建立执行办事大厅，将执行的各项工作在办

[①] 最高人民法院：《中国的司法公开》，人民法院出版社2015年版，第1页。

事大厅集中。派专人在执行办事大厅窗口办公，负责处理执行案件的来访登记、材料收转、人员分流、程序指导等事宜，做到有访必接、有事必理。同时，执行接待人员还承担案件查询告知职能，当事人可凭有效证件查询案件最新进展，包括案件的执行人员、执行措施、财产处置、执行裁决及款项分配等信息，充分保障当事人的知情权和监督权。向社会及当事人公布执行接待电话，由专职接待人员负责接听，接到当事人来电后可直接转至执行法官办公室电话，该电话与12368司法服务热线互通，便于及时处理涉及执行方面的来电。执行指挥中心对执行流程中的重点环节、重点事项进行靶向式跟踪管理，并对执行团队的重点质效指标进行全方位监控，特别是对案款、强制执行措施等重点节点逐一跟踪，保证执行信息"问得到""答得准"。同时，执行监督部门也安排专人在执行办事大厅接待，当事人可以直接通过办事大厅接待窗口对执行工作提出批评和建议。

阳光透明是最好的"防腐剂"，也是最好的"疏通剂"。宁波两级法院"前台＋后台"执行模式改革依托信息化手段，在努力落实习近平总书记提出的"让暗箱操作没有空间，让司法腐败无法藏身"[①] 指示要求的同时，拉近了人民群众与执行工作的距离，拓展了司法公开的广度和深度，进一步深化了开放、动态、透明、便民的阳光司法机制，形成了全社会理解执行、尊重执行、协助执行的深厚氛围。

---

① 中共中央文献研究室：《十八大以来重要文献选编》（上），中央文献出版社2014年版，第720页。

三　深度参与社会治理的实践场景运用

宁波法院开展的以自动履行正向激励和信用修复两项机制为核心的综合治理执行难的各项举措通过正面引导,以柔性的方式促进当事人主动履行生效裁判所确定的义务,这一举措不仅是从源头上推动切实解决执行难、化解司法难题方面的积极尝试,也是为营造"守信光荣、失信可耻"的社会氛围,推动社会信用体系建设,助力营商环境优化,促进国家治理体系和治理能力现代化等所作出的有益探索。

（一）维护并有效参与优化良好营商环境

经济发展对诉讼案件有着多重复杂的关联和影响,如一般认为经济发展速度和诉讼案件数量呈正相关关系,事实上,世界上大多数国家都身处经济高速发展和诉讼爆炸的历史阶段,因此诉讼案件数量并不能成为评价一地营商环境的客观标准。相应地,民商事案件最终进入执行环节也可能以各种社会因素为背景,例如与经济发展的周期性波动相关,与某些突发事件相关,或者与制度性因素的改变过渡相关。面对这样一种普遍存在的社会现象,人民法院特别是法院执行部门主动作为,通过法律手段解决现实问题,恰恰说明当地司法机关能够守住"法治"底线,并进一步印证了法治是最好的营商环境这一论断。换言之,特定历史时期内的民商事矛盾纠纷大量出现是社会各界必须承认和直面的事实，这些矛盾纠纷能够及时暴露出来并能够严格依法得以解决，说明法治运行机制的顺畅有效，法治有能力为经济发展保驾护航。国务院《优化营商环境条例》中规定："国家建立和完善以市场主体和社会公众满意度为导向的营商环境评价体系，发挥营商环境评价对优化营商环境的引领和督促作用。"市场主体和社会公众如何才能满意？现代化的经济体系不排斥矛盾纠纷的发生，其成熟和正常运行标志着公平高效的法治化纠纷解决机制的确立，市场主体和社会公众的期待莫不如此。

宁波法院执行工作中的多项举措都以营造法治化营商环境为立足点和出发点，为执行工作中发现的可能阻碍经济发展的问题提供切实有效的司法解决方案。如"司法净拍"行动通过严格审核"带租拍卖"等拍卖限制性条件，严厉整治虚假租赁、恶意串标，让市场真正发挥价格决定作用，让胜诉当事人的利益得以最大程度地实现。又如，面对新冠肺炎疫情，宁波法院能够准确界定各类市场主体在疫情防控、复工复产自救过程中的行为和性质，依法审慎适用强制措施，帮扶企业渡过难关。再如，在执行实践中，当事人在自动履行法院裁判后，由于案件尚未进入执行阶段，无法证明其已履行义务，常常导致其在前往银行申请贷款时因为有涉诉信息而受限。而银行等金融机构受制于现有征信系统运行机制，无法及时准确获知当事人涉诉信息特别是履行情况，往往只能视当事人涉诉为授信禁区，无法有效开拓金融市场、发现培育优质信贷主体。自动履行正向激励机制和信用修复两项机制的有效探索正是回应了市场主体这种新的司法需求。

宁波法院执行工作的创造性举措对推动社会信用体系的健全完善、规范市场经济秩序、改善市场信用环境、共建良好的金融生态环境、优化营商环境具有十分重要的意义。以诚信为杠杆，撬动激发市场活力在推进信用宁波建设方面发挥了"四两拨千斤"的作用。

（二）阻击新冠肺炎疫情，助力复产复工

习近平总书记在宁波考察时指出，"危和机总是同生并存的，克服了危即是机"。① 2020年5月15日，最高人民法院发布《最高人民法院关于依法妥善办理涉新冠肺炎疫情执行案件若干问题的指导意见》。其中，精准采取失信惩戒和限制消费措施是该《指导意见》的重要内容之一：对疫情防控重点企业、受疫情影响暂时经营困难的中小微企业，依法审慎采取惩戒措施，给予宽限期，及时采取信用修复措施，保障防疫物资生产供应，助力企业复工复产。而早在疫情防控之初的2020年1月29日，宁波法院发布的《关于进一步做好"新冠肺炎"疫情防控期间执行工作的指导意见》就明确规定"财产查控措施涉及疫情防控产品或其他对疫情防控造成不利影响的企业和人员的，可以暂缓采取查控措施；已经采取查控措施的，如有必要，经报院长同意，可予以撤销查封"。信用修复机制通过正面引导的柔性方式鼓励促进当事人诚信履行裁判义务，在疫情防控期间进一步展现出强大的生命力，为法院助力企业恢复防疫物资生产经营提供了"宁波解法"。

宁波某医疗器械有限公司专业从事医疗器械制造，2019年，该公司因给另一家企业做担保而涉诉，宁海法院经审理，判决该企业需承担相应责任。2019年9月，债权人申请强制执行，这家医疗器械公司因此被纳入失信被执行人名单。2020年1月23日，这家企业突然向宁海法院提交修复信用申请，理由是连续接到湖北、广东等地大批医疗器械的采购订单，要求解除各种限制措施，以利于生产经营。宁海法院对此特殊情况高度重视，办案法官立即进行调查，发现公司仍能正常生产运行，具有一定的履行

---

① 《统筹推进疫情防控和经济社会发展工作 奋力实现今年经济社会发展目标任务》，《人民日报》2020年4月2日第1版。

能力。法院经过谨慎研判后认为，该企业的申请符合相关规定。随即，法院又督促该企业通过移动微法院补充提交信用修复的必要材料和相关证据，在确保申请执行人合法权益的前提下，以最快速度解除了对该公司的限制令，并修复了其信用。与此同时，法院还主动与金融机构联系，建议在合法合规的情况下，优先考虑该企业的贷款需求，助力企业开展生产经营，为抗击疫情贡献力量。金融机构也立即派员到企业作进一步调查，最终确定其基本符合授信条件，该企业先后获得共计3000万元企业贷款，为后续生产提供了强有力保障。

除医疗器械以外，防疫物资也在疫情暴发之初一度出现短缺情况。象山法院收到了该院一被执行人的来信，被依法纳入失信被执行人名单并被限制高消费的该被执行人曾开办化工企业，对消毒剂生产工艺与市场行情较为熟悉。为偿还债务，该被执行人目前在本地一家化工企业负责日用化工杀菌剂、消毒液的技术指导与业务洽谈。疫情发生后，全国市场对消毒剂的需求量猛增，该被执行人便向法院申请信用修复，以方便对接全国市场，及时提供防疫物资。经研究，执行干警认为对该被执行人进行修复信用既有利于防疫物资的生产与流通，也有利于保障申请执行人的权益，且符合信用修复措施的其他条件。在获得申请执行人理解支持后，象山法院于当天为该被执行人进行了信用修复，并同该被执行人及其所在企业进行沟通联络，促使该被执行人积极履行债务。

疫情发生之后，各行各业均受到不同程度的冲击，对于以面对面授课为主的教育培训机构而言更是遭遇了前所未有的致命打击。如宁波市江北区一家大型艺术类教育培训机构拥有200多名学员、10余名培训老师，该机构负责人从事艺术培训行业多年，拥有丰富的培训资源，学员家长对该机构的教学质量也极为认可。然而，疫情之下，该机构经营受挫，2020年1月开始被迫暂停门店。3月初投资人因资金问题将该培训机构起诉到江北区人民法院（下称江北法院），要求返还投资款，之后案件进入强制执行程序，培训机构及其负责人被列入失信被执行人名单。虽然在执行过程中机构负责人有履行意愿，还提出了分期履行的方案，但"失信被执行人"的标签严重影响了其融资，进而影响到培训机构恢复经营。在执行法官的建议下，机构负责人向江北法院申请信用修复。江北法院综合考虑其履行能力和配合执行情况后，依照相关规定，将其从失信被执行人名单中屏蔽。之后，该培训机构顺利申请到了银行贷款，与投资人的纠纷也得到妥善解决，培训学校的恢复经营也得以有序进行。

（三）为国家信用体系建设提供典型示范

国家信用体系的建设是一项复杂的系统工程，牵涉甚广。习近平总书记在浙江工作期间，提出了建设信用浙江的重大决策部署，并将诚信作为"浙江精神"的重要内容。法院执行工作中因被执行人失信行为引发的纠纷集中出现，因此，执行工作是统观社会信用状况、发现信用薄弱环节、解决失信问题绝佳的切入点和重要抓手。宁波法院执行工作中以信用为中心的执行工作模式和多项创造性举措，对国家信用体系建设而言具有典型示范意义。

首先，履行激励机制另辟蹊径，让信用治理由单纯的负面惩戒走向正负皆有、奖惩兼施。《国务院办公厅关于加快推进社会信用体系建设　构建以信用为基础的新型监管机制的指导意见》提出："建立健全贯穿市场主体全生命周期，衔接事前、事中、事后全监管环节的新型监管机制，不断提升监管能力和水平，进一步规范市场秩序，优化营商环境，推动高质量发展。"这种"全生命"周期的信用监管机制立意深远，其中心思想应是对市场主体进行动态监管，并以"激发市场主体活力"为目标，至少不会因为当事人的一次失信行为而将其一棒子打死。当前，社会信用体系建设多致力于打造"一处失信，处处受限"的惩戒格局，不断升级完善失信行为处罚措施。而对守信人员的褒奖激励相对缺乏，自愿守信、诚信履约的激励机制欠缺，因此有必要通过正向激励补齐信用体系建设的短板，完善社会信用体系建设，从而最终推动健全社会诚信建设的长效机制。虽然法院裁判作出后，不恪守诚信义务、不尊重司法权威，不履行法院生效裁判的行为仍然大量存在，但是，如果当事人在裁判作出后能够主动履行，不仅有助于切实化解执行难问题，彰显个人诚信，同时也有利于诚信精神在司法领域率先屹立并向其他领域辐射。鼓励当事人诚信履行，不仅能让当事人之间的关系更和谐，也会让整个社会的运行和治理成本更低，并形成诚实守信的良好社会氛围。

其次，经验做法值得推广借鉴，或可成为其他地方构建信用体系的捷径。例如，宁波法院发现，银行等金融机构在推进履行激励机制过程中具有不可替代的作用。银行机构在两项机制建设中的重要作用主要体现在涉及银行机构的激励措施具有直接利益性、普遍适用性和更明显的激励效果三个方面。银行机构的激励措施，无论是贷款授信评价，还是纳入银行征信系统都是直接的经济利益，相对于其他激励措施更能够起到激励作用；在所有激励措施中，涉及银行业的授信和征信等激励措施相对于其他激励措施而言是最具有普遍适用性的，可以适用于所有自动履行生效裁判文书的债务人；根据试点成效看来，更容易出成效的是与银行贷款相关的授信贷款等激励措施。银行等金融机构参与司法裁判主动履行正向激励和信用修复机制的立足点就在于掌握优质客户名单，通过制度设计，法院可以将诚信履行名单成员分类标识，让银行等金融机构以最高效的方式集中获得优质信贷客户，并最终由银行进行风险评估后予以授信，因而银行参与司法裁判自动履行正向激励和信用修复机制更容易获得经济收益，风险可防可控并且相对较小。宁波实践证明，银行等金融机构的参与实现了当事人、法院、金融机构的共赢和社会效益的最大化。

最后，宁波法院通过实践消弭围绕信用体系建设产生的部分争议。在实际操作层面，部分学者提出，在未全部履行债务之前就将当事人从失信被执行人名单中删除、从限制高消费令中予以屏蔽的话，可能给被执行人赢得逃避债务、转移财产的时间和空间，反而不利于案件的执行，损害申请人合法权益、危及法院的公信力。但实践证明，这种情形基本不存在，宁波法院为了防范可能的风险，在制度上已经对适用信用修复的条件和程序作出了严格的规定，对信用修复后的财产申报，事后监督也都作出了相应的规定，从源头堵死了这种可能，从制度运行的实际效果看，截至目前也没发生这种情况。在理论层面，宁波法院干警以实务工作为基础，进一步就"对司法裁判自动履行行为应否给予激励""司法裁判自动履行正向激励和信用修复是否会引发社会不公""司法裁判自动履行正向激励和信用修复是否会诱发诉讼道德风险"等问题展开理论探讨，得出的结论是，"如果通过制度设计将自动履行正向激励和信用修复的范围限制在诚信范围内，那是应当鼓励的，裁判的自动履行正向激励机制和信用修复机制只是增加了一种发现诚信行为的机制，只要这种发现诚信行为的机制没有失效，就不应当受到排斥""对那些因履行能力不足涉诉而努力履行债务的当事人，以及因正常商业纠纷发生诉讼，裁判后诚信履行的当事人应当进行激励，这种激励属于弘扬社会正能量的范畴，不会引发社会不公""宁波适用的所有激励措施中，以恢复性激励措施为主，奖励性激励措施有严格的制度保障和风险评估前置环节，本质上不是普惠的，不存在诉讼道德风险"等项结论。

（四）推动依法治理，营造诚信守法氛围

司法的主要功能在于定分止争，通过法律途径解决社会矛盾纠纷是社会进步的体现。虽然"天下无讼"是法律人的终极目标，但经济交往多了，纠纷就必然多了，只要通过法律裁判明确各方当事人的权利和义务，并使其自觉遵守生效裁判，社会就能

在法律的框架下顺利运行，而且依法处理矛盾纠纷是当前阶段最为公正高效的方式。在坚决维护司法公正的同时，通过制度化的手段鼓励诚信履行行为，弘扬诚信之风，保障胜诉当事人充分、及时实现合法权益。

　　法律是显性的道德，道德是隐性的法律。法律以其刚性手段严格规制人们行为的同时，道德也在春风化雨般浸润着人民的内心，法律与道德内外配合、交相呼应，共同塑造着社会秩序。社会诚信是道德的突出内容，是社会有序与社会和谐的基础，既是社会治理的环境要素，也是社会治理的直接目标。宁波法院通过正向激励补齐信用体系短板，对守信行为进行褒奖激励，完善社会信用体系，这既能有效减少矛盾纠纷，又能营造"守信光荣、失信可耻"的社会氛围，最终有助于矛盾纠纷综合治理、源头治理，提升社会治理效果，实现"法治"与"德治"的统一。

四 宁波综合治理执行难的经验与启示

（一）解决问题，完善制度，探索理论深度

宁波法院执行工作的多项创新举措都起源于司法实践中遇到的难题。在力求切实解决问题的过程中，宁波法院干警通过对所遇到问题的分析、对采取对策可行性的探索，将司法实践同法学理论研究相结合，力求推动相关制度机制的完善。宁波法院执行工作的相关做法引发的学术讨论使法学理论因实践维度的引入愈加深入，而理论上的争鸣也终将继续反哺司法实践。

以自动履行正向激励机制为例，该机制源于民事案件自动履行率低这一司法工作的现实困境。以首创此项机制的镇海法院为例，2019年判决、调解结案的民商事案件在强制执行前自动履行548件，占有履行内容的生效案件数量的21.28%；2019年新收首次执行案件2285件，初执标的清偿率为28.97%。镇海法院是一个缩影，在全国法院，民商事案件自动履行率低早就是不争的事实。另一方面，自动履行的当事人并不能因其自动履行的行为受到任何肯定性评价，甚至会因为现有征信评价体系一旦涉诉（不问是否自动履行生效判决、调解协议）、涉执就被打上负面标签，而在社会活动中处处受限。镇海法院为解决上述问题创设自动履行正向激励机制，是对现有涉诉涉执信用评价机制的进一步

完善和充实，同时也回应了当事人乃至社会机构（如金融机构）在新时代的新需求。镇海法院并未止步于问题的解决和制度的构建，还在积极探讨制度背后的理论支撑。他们提出，诉讼观念已然今非昔比，大量民商事纠纷与道德评价无关，仅以涉诉与否作为信用评价指标与当今的诉讼观念和依法解决社会矛盾纠纷的法治理念存在冲突。在对当事人自动履行司法裁判应否激励这一理论问题上，他们也给出了逻辑自洽的答复。他们认为，自动履行生效判决也属于诚信行为的一种，不应当受到排斥，而激励措施仅限于使自动履行的当事人获得本次诉讼范围之内的利益，不会造成对其他当事人的不公平现象。

再以信用修复机制为例。民事执行中的信用惩戒措施主要有两种：一是公布失信被执行人名单信息，二是限制被执行人高消费及有关消费。《民事诉讼法》第255条规定，被执行人不履行法律文书确定的义务的，人民法院可以对其采取或者通知有关单位协助采取限制出境，在征信系统记录、通过媒体公布不履行义务信息以及法律规定的其他措施。最高人民法院《关于公布失信被执行人名单信息的若干规定》《关于限制被执行人高消费的若干规定》以司法解释的形式进一步细化了两项信用惩戒措施。《关于公布失信被执行人名单信息的若干规定》第十条①和《关

---

① "具有下列情形之一的，人民法院应当在三个工作日内删除失信信息：（一）被执行人已履行生效法律文书确定的义务或人民法院已执行完毕的；（二）当事人达成执行和解协议且已履行完毕的；（三）申请执行人书面申请删除失信信息，人民法院审查同意的；（四）终结本次执行程序后，通过网络执行查控系统查询被执行人财产两次以上，未发现有可供执行财产，且申请执行人或者其他人未提供有效财产线索的；（五）因审判监督或破产程序，人民法院依法裁定对失信被执行人中止执行的；（六）人民法院依法裁定不予执行的；（七）人民法院依法裁定终结执行的。"

于限制被执行人高消费的若干规定》第八条①、第九条②规定了失信名单和限制高消费的退出机制。但上述规定不免粗疏，不能涵盖现实生活中的多种情况。实践中，部分失信被执行人基于客观生活、生产需求，通常会向法院提出屏蔽失信或者解除消费限制的申请，虽不完全符合上述规定，但也具有相对合理性。现有联合惩戒机制之下，征信系统因社会主体被采取信用惩戒措施而进行的评价呈现较为简单、动态调整不足的负面性，以至于社会主体会因此受到资格限制、程序延长、义务加重等方面的约束和惩戒，信用监管容易陷入"一刀切"的困境。进而，部分主观上有积极履行意愿的被执行人以信用为要素参与市场竞争的资格与能力也会受到限制，被执行人履行义务"欲而不能"最终损害的是申请执行人合法权益的兑现。信用修复制度以制度化的形式设定评判标准，通过量化评分、法官合议等审查机制，细化、规范了个案中失信屏蔽的条件和程序，是对司法解释的补充完善和对现有联合惩戒机制单一负面评价思路的转变和修正，有联合惩戒，就有联合激励与帮扶，对诚信履行行为进行激励与失信惩戒是辩证关系，一体双面，共同维护司法权威。这也是对当今社会信用治理理论的丰富和发展。

自动履行正向激励机制和信用修复机制解决实际问题的成效已经显现，相关制度也已经出台并处于不断地修正过程中，对相关理论问题的探讨也仍在继续，如"正向激励措施的合理合法限度是什么""联合惩戒与联合激励的相互关系为何"等，宁波法院的司法实践、创新探索与勤勉思考也将继续为这些问题提供答

---

① "被限制消费的被执行人因生活或者经营必需而进行本规定禁止的消费活动的，应当向人民法院提出申请，获批准后方可进行。"
② "在限制消费期间，被执行人提供确实有效的担保或者经申请执行人同意的，人民法院可以解除限制消费令；被执行人履行完毕生效法律文书确定的义务的，人民法院应当在本规定第六条通知或者公告的范围内及时以通知或者公告解除限制消费令。"

案。这种从实践中来、到实践中去，理论联系实际的工作方法和态度，深得余姚籍思想家王阳明"知行合一"理念的精髓，也是马克思主义实践观在司法领域运用的生动事例。

（二）寻求能动司法与司法被动性间的平衡

近年来，人民法院主动作为，深入社会治理领域主导纠纷化解工作，在此方面，各地法院均有创新举措。这种司法机关主动"出击"的态势让司法工作的精神面貌焕然一新，提升了人民群众对司法公正的感知度和获得感。但与此同时，关于司法权性质的讨论也随之展开。司法权，特别是审判权的被动性，是由其本质决定的。在民事领域，"民不举，官不究""不告不理"是从古至今放之四海而皆准的公权力介入民事纠纷的戒律。司法工作如何在被动性约束下发挥其积极参与社会治理的作用，取决于对"能动司法"的理解和能否守住"合法性"底线。

中国语境下的"能动司法"与西方"司法能动主义"有着本质的区别，中国的能动司法主张法官在法律范围内积极履行职责，而非通过司法活动改变现有法律制度。最高人民法院提倡的能动司法理念首次出现在2009年的《最高人民法院工作报告》中，在"加强民事审判工作，为促进经济发展、维护人民权益提供司法保障"部分提到，"加强对国际金融危机的司法应对。针对国际国内经济形势的发展变化和企业的生产经营状况，最高人民法院加强调查研究，提出能动司法的要求，适时调整司法政策；制定适用合同法、保险法等11个司法解释，确保法律适用标准的统一和规范；及时制定审理企业破产、公司清算房地产、劳动争议案件等14个司法文件，指导地方各级法院妥善审理相关案件。各级法院在尊重司法规律的同时，积极主动地开展工作，及时就审判活动中发现的可能影响经济发展的重大问题向有关部门提出司法建议；各地法院围绕国家出台的区域经济发展规划，完善司法保障措施，促进经济协调发展"。可见，提出这一司法理念的本意在于强化现有法律制度的统一适用，并对其在实践中的运用规则进行细化与补充，从而回应经济社会发展新的要求，满足人民群众新的司法需求。这与作为民事案件触发机制的"司法被动性"原则并不冲突。在案件审理裁判过程中法院的主动作为亦属于其"本职""本分"，不违背当事人要求国家公权力依法介入其私人纠纷的意志选择，没有改变当事人的诉讼请求，同样属于在合法性前提下充分维护当事人合法权益之举。

法律文本先天具有滞后性，而"法网恢恢，疏而不漏"之所以"不漏"则是因为主动作为、敢于创新的司法实践对稳定的制度作出了灵活的诠释。宁波法院执行工作的各项创新都在寻求司法能动性与司法被动性之间的平衡，做到制度许可范围内恰如其分地补充与完善。统观各项具体措施，可以发现它们的共同点都在于对善意文明理念的贯彻，以及对"案结事了"切实解决问题化解矛盾的追求，而非拘泥于有限的法律规定或仅着眼于"结案率"等数据。能动司法更有助于实质正义的实现，以及让人民群众在每一个司法案件中都感受到公平正义。

（三）保持社会治理多元主体之一的清醒认知

《中共中央关于坚持和完善中国特色社会主义制度　推进国家治理体系和治理能力现代化若干重大问题的决定》要求："必须加强和创新社会治理，完善党委领导、政府负责、民主协商、社会协同、公众参与、法治保障、科技支撑的社会治理体系，建设人人有责、人人尽责、人人享有的社会治理共同体，确保人民安居乐业、社会安定有序，建设更高水平的平安中国。"这项要求同时提出了一个明确的概念，即"社会治理共同体"。国家机关各司其职、各尽其责是基本的工作要求，但不能因此忽略了国家机关作为社会主体参与社会治理的潜在责任。各人自扫门前雪的思维定式只能加深条块分割带来的社会治理鸿沟与漏洞，任何国家机关在自我审视时都应投射到社会治理全局来看待本职工作，认识到自身作为社会治理多元主体之一所应当肩负起的社会责任。

矛盾纠纷的发生无可避免，但司法机关可以跳出就事论事的局限，改变"头痛医头脚痛医脚"的思维定势，变被动为主动，直接从根源上解决问题，促进社会关系的弥补与修复，方能溯源治理、良性循环。宁波法院以解决执行问题为抓手，倒推立审执一体化，力争实现当事人服判息讼，案结事了，通过司法工作引导社会关系回归和谐。在试点自动履行正向激励机制之初，镇海法院就秉持着尽量减少强制执行措施以避免进一步撕裂社会关系的原则："社会治理的根本挑战来自资源稀缺条件下多元主体的利益冲突，社会治理的深层次问题是如何衡平不同主体的利益关系。法院执行工作，直接源于当事人的不履行行为。在当事人纠纷已经产生，法院判决已经生效的情况下，通过法院强制执行工作，强行重新调整当事人之间的利益分配。在法院强有力的执行措施下，当事人之间业已形成的矛盾纠纷势必进一步加剧，社会关系进一步撕裂。通过正向激励当事人自动履行，能有效避免矛盾升级发展，化解当事人仇恨心理，促进社会和谐稳定。"这样的想法体现在宁波法院各项工作中，优化立案、审判、执行、破产各环节衔接程序，以保障当事人胜诉权益切实实现为目的，推动"立审执破"一体化发展。

党的十九届四中全会提出，要坚持和完善中国特色社会主义法治体系，必须坚定不移走中国特色社会主义法治道路，坚持依法治国、依法执政、依法行政共同推进，坚持法治国家、法治政府、法治社会一体建设。社会治理本就人人有责，共建共治共享，宁波法院立足本职积极参与社会治理是能动性的探索，更准确地说是充分认识到了执行工作在社会治理中的作用和职责，归根到底也是履行其应有职责。宁波法院通过各项工作对社会诚信体系的构建与完善，本质上说也是对矛盾纠纷的源头化解和对良好社会风气的倡导，是实现法治与德治相结合的现实路径，是司法治理服务社会治理，直至国家治理的必然选择。宁波法院将执行工作置于社会治理的背景下，对司法工作本质有了更深刻的认识，对司法工作之于社会治理的重要价值有了更全面的理解，站位更高，立意深远。

如果每个社会主体都能明确自身责任，跳出思维定式，那么就会主动参与共同建设，其社会治理主体的地位也会显现出来，社会和谐有序的理想目标会早日实现，成果和红利最终全员共享。对于法院而言，最好的回馈莫过于"天下无讼"。总之宁波法院对社会诚信体系的构建与完善是国家治理能力和治理体系现代化的一种探索与尝试，跳出条块分割，置于整体之中开展的执行工作，体现了更大的社会责任感，因此也具有覆盖面更广的社会影响力和社会意义。国家法治目标的实现必将得益于此。

五　展望

2020年12月，国务院办公厅印发《关于进一步完善失信约束制度构建诚信建设长效机制的指导意见》（国办发〔2020〕49号），提出要健全和完善信用修复机制，明确要求相关行业主管（监管）部门应当建立有利于自我纠错、主动自新的信用修复机制。这既表明宁波法院的实践与国家构建信用体系的大方向高度契合，也为各级法院进一步推进信用激励和信用修复机制提供了制度机制的保障。以自动履行正向激励和信用修复两项机制为主的宁波法院综合治理执行难助推诚信建设的创新试点意义重大，有助于加强社会治理、优化营商环境。

第一，相关改革探索是法治中国、平安中国建设以及推进国家治理体系和治理能力现代化的重要方面。建设法治中国、平安中国是几代中国人追求的光荣梦想。以两项机制建设为主的宁波法院综合治理执行难助推诚信建设的创新试点为法治中国、平安中国建设和国家治理体系与治理能力现代化建设找到了新的切入点。通过两项机制建设，促进全社会尊重法律权威，通过和谐方式解决纠纷，既能有效减少矛盾纠纷，也有助于矛盾纠纷综合治理、源头治理，提升社会治理效果，从而实现法治中国、平安中国。

第二，相关改革探索有助于完善信用体系，助力优化营商环境。自动履行正向激励和信用修复机制作为"柔性激励机制"，与"失信惩戒机制"相辅相成、有机衔接，使社会信用体系建设更加完善。作为这两项机制的延伸和补充，2020年8月宁波法院探索试点上线的诚信诉讼码，采用当事人"一人一码"，通过扫"码"呈现红、黄、蓝、绿、金"五色"的直观形式，对当事人在以往诉讼中的行为进行分类评估、量化评价、精准管理。自动履行正向激励、信用修复和诚信诉讼码机制，对于建立健全社会信用体系、规范市场经济秩序、改善市场信用环境、优化营商环境具有十分重要的意义。

第三，相关改革探索有助于推进善意、文明执行，推动强化执源治理，切实解决执行难。通过自动履行正向激励和信用修复的方式，引导、鼓励当事人积极主动履行，依法保障胜诉当事人及时实现自身权益，并减少进入执行程序的案件数量，既推进了善意、文明执行，又推动了执源治理，还可推动形成自动履行为主、强制执行为辅的执行工作体系的快速形成，努力实现党中央提出的切实解决执行难的目标任务。

任何改革创新都是出于对解决实际问题的需求，进而探索对既有制度机制的突破，但也必然遇到一系列的问题。首先，社会认可度有待提升。欠债还钱天经地义，为什么还要给予激励呢？实践中，联动单位、理论和实务界都有声音提出，为什么欠债的人还钱了我们还要给予激励，那对从来不欠钱的人来说是不是很不公平；会不会形成不良社会导向，大家都会把本不必要打官司的事情拿到法院起诉，然后自动履行以享受法院的激励？那岂不是徒增法院案件，浪费司法资源？其次，司法理念更新存在难度。审判与执行分离改革以后，随着人民法院受理案件数量的爆发式增长，法院内部专业分工也越来越细密，审执分离的理念也渐渐深入人心。在这一背景下推进司法裁判自动履行正向激励机制和信用修复机制，特别是对未进入执行阶段的当事人进行激励，需要审判人员重新树立审执兼顾，甚至审执一体的办案工作理念。这种理念与审执分离和专业化发展的方向表面上看存在一定的冲突，因而许多审判案件的办案法官难以接受。再次，激励边界的界定存在困难。这个问题是由第一个问题引申出来的,由于人们存在为什么要激励的疑惑,那就必须要正面面对和解决激励边界的问题。如果激励过度,给予人们造成欠债还钱的都应当进入司法程序的假象,那么制度的设计初衷不仅不能实现,反而会走向反面。由于司法裁判履行激励机制属于新生事物,其理论研究尚存在空白,这都给科学界定激励的边界设置了障碍,影响了制度的良性运转。另外,数据共享机制尚不完善。一方面,各部门之间信用信息尚未完全互联互通,各种信用信息平台对接仍然存在不对称情况,导致一些激励措施很难及时发挥作用。另一方面,由于数据壁垒尚未打通,相关信息无法通过系统自动比对和更新,导致诚信名单迟迟难以出炉,或者即使出炉后也存在更新困难等问题,影响数据的及时性和准确性,从一定程度上影响了激励制度运行的效果。此外,激励的红利尚未有效兑现。试点实践中,尽管发布了十余项激励措施,但除了银行贷款授信,以及信用修复机制中采用失信、限高屏蔽等执行阶段的修复措施基本能够兑现外,尚未能有效发挥市场监督、财税等其他部门的职能作用,为当事人在市场准入、事项审批等方面争取红利也有待推进,制度的激励作用尚未完全显现。最后,采用信用修复的案件占比相对较少,对于信用修复制度的宣传普及仍需加强。该制度目前在执行阶段实施,且开始实施的时间不长,许多案件当事人甚至代理人对该制度并不了解,误以为在申请执行人不同意的情况下,只有法律义务得到全部完毕方可暂停信用惩戒措施,容易导致破罐破摔的抵触情绪,进而出现对法院的执行行为的不配合甚至排斥,而目前,在被执行人到庭率总体偏低的现实情况下,信用修复的宣传应用途径有待进一步拓展。

因此,推广宁波法院以自动履行正向激励和信用修复为核心的综合治理执行难助推诚信建设的经验,还必须着力解决好以下问题。

第一,进一步发挥党委、政府对信用建设的领导协调作用。

自动履行正向激励和信用修复机制必须在社会诚信体系中予以通盘推进，凡是掌握公共资源配置权力的部门都要参与进来，激励举措还要更实，不能仅仅停留在开设绿色通道上，而应出台更加务实管用的举措，让守信者得到更多实惠。协调各方的工作需要党委、政府的领导必须有力、有形方可落到实处。

第二，加强部门联动，进一步形成信用体系联合建设工作格局。"基本解决执行难"成为切实构建联合惩戒机制的重要契机，在法院的不懈努力和各单位的积极配合下，联合惩戒机制已日臻完善。但是，一些单位对信用激励的必要性仍存在疑虑，不愿意参加到推进该项机制的工作中去。需要通过有实际案例和数据支撑的宣传来提升有关部门及其工作人员的认识水平，让其意识到信用激励是国家信用体系建设必不可少的一个方面，并且和信用惩戒一样需要全社会的共同努力，积极参与正向激励是其参与国家信用体系构建的必然职责。对于已经承诺参与信用激励机制并给予"红利"的单位，必须敦促其兑现"红利"，避免失信于民。

第三，要打通数据共享关节，加强统一征信平台建设。无论是长期条块分割的体制因素导致的"独占"公共信息的狭隘观念，还是数据接口难以统一等客观因素，都在严重制约着信用体系建设的实际效果。例如，跨部门跨行业信用信息共享仍然存在空白，一些单位对于诚信履行行为人在其他领域的信用信息并不掌握，信用数据壁垒仍存，法院的信用修复结果不能从根本上消除其他部门对于失信人的负面信用评价。因此，信用信息必须实现大数据背景下的互通共享，着力搭建起信息更新及时准确全面的统一征信平台，并加强社会信用场景应用。

第四，切实转变观念。其一，推进社会公众转变"以诉为耻"的理念。长期以来，以和为贵、以诉为耻的思想观念在维护社会和谐的同时，使得人们常常对正常的商业经济纠纷也产生认识误区。因而必须致力于理念转变，促使全社会区分正常经济纠纷与不诚信行为。让社会认可作为诉讼当事人通过法治轨道解决纠纷并不是不诚信的可耻行为，而只有那种无理由不履行债务，甚至司法裁判生效后仍不履行、逃避履行的行为才是不诚信行为，才应当受到道德和法律的谴责。其二，推进联动单位转变理念，促进联动单位充分认识到两项机制建设不是帮法院做事，而是共同为国家法治、平安、信用和治理现代化建设尽职尽责。其三，推进司法工作人员牢固树立"案结事了"理念，不应认为履行只是执行人员的事，在立案和审判工作中，努力做到"立审执"兼顾。

第五，明确定位、防范道德风险，维护社会公平。宁波法院以自动履行正向激励和信用修复为核心的综合治理执行难的实践，符合善意文明执行的理念，是对长期以来形成和坚持的法院执行工作强制性的发展和补充，而不是否定。"善意""文明"概念的提出，并不是对过去尤其是两到三年"基本解决执行难"过程中采取的各项带有强制性、惩罚性、限制性措施的否定，不是过去执行工作不"善意"、不"文明"，事实上，依法加大查人找物力度，打击规避执行、拒不履行裁判结果的当事人，是对债权人最大的善意，也是在促进司法文明和社会稳定进步。"善意""文明"执行实际上是在坚持执行工作强制性这一根本属性的前提下，有效甄别被执行人履行生效判决的意愿、能力等，对于那些自动履行债务或者虽然无法自动履行但确有履行意愿的当事人，在让失信者一处失信、处处受限的大前提下，给予其必要的生存空间和发展机遇，但不是给予其的优待优于那些没有涉诉以及虽涉诉但早早就自动履行了生效判决的当事人。因此，无论是正向激励，还是信用修复，都不是奖励，而是救助和扶持。此外，采取正向激励和信用修复措施，更需要持续加大财产查控和执行惩戒力度。继续加大被执行人财产查控力度，创新查控方法、拓展查控领域，特别是网络金融、虚拟财产等新型财产领域，努力做到查无"遗产"。同时必须深入持久地加大执行惩戒力度，加大对规避、抗拒执行的打击力度。限制高消费、纳入失信被执行人名单等执行惩戒制度必须依法严格执行。要加大失信联合惩戒力度，确保有财产而不履行，甚至采取逃避、抗拒执行的不诚信行为都受到应有惩罚。

第六，推进制度化、标准化、精细化、公开化。以自动履行正向激励和信用修复为主的综合治理执行难的实践具有重大的实践意义，但能否持续开展并推广，取决于是否可以突破现有的一系列制度瓶颈。因此，需要根据实践情况加强顶层设计，通过修改完善强制执行、信用监管的法律法规和司法解释，为实践提供法律支持。对于如何认定当事人符合条件、如何采取信用手段予以救助帮扶，则需要明确标准、精细化管理并落实到制度上。此外，正向激励和信用修复的标准、过程和结果，还需要充分公开，接受社会监督，从而提升公信力。

下 篇

编者按：为了就宁波法院开展的司法裁判自动履行正向激励和信用修复两项机制进行理论探讨，中国社会科学院法学研究所、宁波市中级人民法院、宁波市发展和改革委员会于2020年8月15日在宁波市召开了"司法裁判自动履行正向激励和信用修复机制理论研讨会"，来自理论界和实务届的专家共同进行了深入研讨。会议由中国社会科学院国家法治指数研究中心承办。在此，收录了部分与会专家的发言，供读者参考。

实践探索创新　理论引领发展
——在司法裁判自动履行正向激励和信用修复机制理论研讨会上的主旨发言

陈志君[*]

尊敬的各位领导、各位专家、各位来宾、新闻界的朋友们：

大家上午好！在宁波全市法院深入学习贯彻习近平总书记考察浙江、宁波重要讲话精神，按照浙江省高级人民法院党组、宁波市委要求，努力当好建设"重要窗口"模范生的当前；在全社会大力弘扬习近平总书记在企业家座谈会上号召的"诚信守法"等企业家精神的时刻，能和各位共聚"阿拉"宁波，深入开展司法裁判自动履行正向激励和信用修复机制实践理论交流对话，我们深感荣幸、备受鼓舞！首先，我谨代表宁波市中级人民法院和全市各基层人民法院，对大家拨冗莅临表示热烈欢迎！

下面，在视频短片的基础上，我把自动履行正向激励和信用修复两项机制（以下简称正向激励机制）的宁波实践，作一简要汇报。

（1）正向激励机制在破解难题中应时而生。创新源于实践、萌于基层。在解决执行难过程中，我市镇海法院探索建立了自动履行正向激励机制，江北法院探索建立了失信被执行人信用修复

---

[*] 宁波市中级人民法院党组书记、院长。

机制。前者是指通过给予诚信履行红利，激励当事人在进入执行程序前自动履行；后者是指对积极配合、有履行意愿的被执行人给予信用修复，避免执行僵局。二者各具特点、各有侧重，属于正向激励机制的"一体两面"。两项正向激励机制有三个作用：一是强化了执源治理。正向激励机制主动融入"执行难"综合治理大格局，联合相关部门引导鼓励当事人自动履行，减少进入执行程序案件数量，是落实中央全面依法治国委员会2019年1号文件关于"强化执行难源头治理"的创新举措。二是完善了信用体系。正向激励机制瞄准守信激励不足的短板，靶向建立信息全、可追溯、可量化、易管控的"柔性激励机制"，与既有"刚性失信惩戒"相辅相成、有机衔接，使社会信用体系建设更加完善，完全契合国务院印发的《社会信用体系建设规划纲要（2014—2020）》中提出的"完善以奖惩制度为重点的社会信用体系运行体制"精神。三是彰显了鲜明导向。正向激励机制既能有效减少矛盾纠纷、化解对抗情绪，又能引导全社会强化规则意识、倡导契约精神，营造"守信必激励、失信必惩戒"的社会氛围，彰显了鲜明的价值导向，是践行中共十九届四中全会提出的"坚持和完善共建共治共享的社会治理制度"的有益探索。

（2）正向激励机制在制度探索中应势而长。2019年9月18日，我院联合有关党政机关在镇海召开推广现场会，决定在全市范围内推广正向激励机制。"一石激起千层浪"。正向激励机制推行后，得到各级领导高度肯定，各级媒体广泛关注。最高人民法院院长周强，时任浙江省委书记车俊，时任省委副书记、宁波市委书记郑栅洁，浙江省高级人民法院院长李占国等相继作出批示或肯定。《人民日报》、新华社、中央广播电视总台、《人民法院报》等数十家主流媒体纷纷报道，正向激励机制社会影响力不断扩大。"一致同功向前行"。宁波市委将正向激励机制列入市级重点改革试点项目全力支持，市委依法治市委员会出台专门文件大力推广，市人大常委会开展调研拟出台专门决定。我院联合市发展和改革委员会、信用办推动十多家单位组成联席会议，明确工作职责，定期交流研判；协调金融办牵头召开正向激励机制推进会，倡议41家驻甬银行业金融机构提高站位、积极参与；研究制定《关于促进当事人自动履行工作的实施意见》；研发"诚信诉讼码"，探索建立法院内部"征信系统"。各基层法院因地制宜进行探索，镇海法院推动成立由区政法委书记任组长的领导小组全力推进；余姚法院创新推动诉讼诚信纳入"道德银行"助推正向激励机制建设。"一枝一叶总关情"。对于符合条件的当事人，全市法院视情况给予诉讼绿色通道、减免案件受理费、降低财产保全担保金等待遇；同时出具"自动履行证明书"，纳入"诚信履行名单"，定时推送至"信用宁波"、普惠金融、"芝麻信用"等平台和各商业银行，助其依法享受财政性资金扶持、政府项目采购、招投标项目评审、企业纳税信用评价、贷款授信等待遇。法院还建立信用修复激励评分制度，符合条件的失信被执行人，暂不发布或将其从失信名单中屏蔽，对其暂停适用失信联合惩戒，努力提升诚信当事人获得感。

（3）正向激励机制在实践检验中向善而为。正向激励机制推行以来，在实践中已展现强大生命力。2020年1—7月，全市法院共完成信用修复案件666件，解除限高措施案件643件，发放自动履行证明1649份，发布诚信履行名单1408个，410家企业先后享受到正向激励机制红利。以镇海法院为例，2019年下半年自动履行案件数环比增加94%，自动履行金额是上半年的8倍，首次执行案件收案总数环比下降22%；2020年1—6月，自动履行案件数同比上升120%，首次执行案件数同比下降32%，自动履行与首次执行案件之比达0.98∶1，"自动履行为主、强制执行为辅"的格局正在加速形成。江北法院通过对市重点工程"姚江一号"项目承建单位的信用修复，帮助其顺利融资复工，案件顺利执结，实现了多方共赢。尤其在疫情影响下，全市法院以正向激励机制为企业复工复产、融资扩产提供司法支持，有效助力企业造血再生。如宁海法院积极运用信用修复机制帮助当地一家医疗企业先后拿到3000万元企业贷款，收到国内外采购订单2亿多元，取得良好效果。近日，在一起涉及3名台商、历时5年、最终6案一并调解的案件履行中，我院承办法官根据正向激励机制实施方案，在制定调解协议时加强违约、担保条款运用，达成调解协议后多次告知自动履行红利及拒不履行后果，最终促成1.15亿元调解款全额自动履行。我院及时送达自动履行证明书，努力助其获得较好信用评价。

（4）正向激励机制需在理论引领中向美而行。正向激励机制已被写入最高人民法院2020年工作报告、浙江省高级人民法院2020年省人民代表大会工作报告和工作要点。5月份，省高级人民法院党组成员、执行局长魏新璋来甬专题蹲点调研，目前省高级人民法院正积极推动省有关部门联合制定规范性文件，全面推广宁波自动履行正向激励机制做法。同时，正向激励机制也正向省外辐射。作为首发地，宁波有义务、有责任为全省乃至全国提供相对完善的制度样板。但我们深知，正向激励机制作为新生事物，还有不少问题和困难。从外部看，不乏"欠债之人为何激励""对未进入诉讼当事人不公平"的质疑，甚至担心发生"道德风险""逆向选择"；从内部看，也存在激励边界界定存在困难，部门数据共享机制尚不完善，部分红利未有效兑现等问题。习近平总书记指出："要根据时代变化和实践发展，不断深化认识，不断总结经验，不断实现理论创新和实践创新良性互动。"[1] 期待各位专家学者从理论高度把脉问诊、不吝赐教，共同用创新理论推动创新实践行稳致远。

我觉得，正向激励机制发源于宁波并非偶然，因为这座优秀城市拥有诚信基因。在这里，和大家分享一则"世界船王"包玉

---

[1] 中共中央宣传部：《习近平总书记系列重要讲话读本》，人民出版社2016年版，第33页。

刚先祖包奎祉的诚信故事。包奎祉出生于宁波镇海，是包拯的第二十一代孙，幼年家贫，靠往返温州一带贩卖丝绸为生。一天，他路过天台，在客栈投宿。第二天继续赶路，晚上歇宿时发现包裹被人拿错，自己的旧衣服变成了绸缎衣裳以及一张五千两汇票及二百两白银。他担心因此发生悲剧，遂丢下生意，折回天台客栈，等待失主认领。因连续3天未有失主消息，只好在墙上写明情况及自己在镇海的住址。第二年，包裹原主即一名福建商人找来，包奎祉当即拿出包裹原物归还。对福建商人拿出的二百两白银酬谢，他坚持不收。福建商人感叹于他的诚信品格，便邀他合伙做生意，从此获利起家，同时也为后人留下了诚信做人的道理。在岁月流淌中，"诚信"逐渐成为以包玉刚为重要代表的"宁波帮"的金字招牌。习近平总书记主政浙江期间，就加强信用浙江建设作出了一系列重大决策部署，提出的"求真务实、诚信和谐、开放图强"的浙江精神中，诚信更是一项重要内容。诚信应当成为浙江新的生产力和最美风景线。我们坚信，诞生于宁波这片诚信沃土的正向激励机制，在大家的精心指导、大力推动下，一定能够迸发出更强大的活力，为打造诚信社会、优化营商环境发挥积极作用。

最后，借此机会向本次研讨会承办单位中国社会科学院国家法治指数研究中心的辛勤付出和长期以来对宁波法院工作的关心支持表示衷心感谢！向各位领导、各位专家、各位来宾、新闻界的朋友们的莅临指导和关心支持，表示诚挚谢意！

完善诚信机制要把握伦理性与科学性的有机统一

陈 甦[*]

大家好，今天我们在这里所讨论的是一个非常重要的问题。虽然是以宁波法院在司法工作中两项具体创新机制为主题，但是也涉及"信用"这一在现代社会特别重要的议题。我们正在并一直在研究的这个问题的解决方案，因宁波法院的创新经验（刚才经过陈院长的精彩介绍）而得以深化。我认为，宁波市中级人民法院推出的制度措施极有创造性和启发性，有效地将法院执行工作当中一些实践问题与信用建设有机结合起来。现在，我把自己学习与观察的一些体会与大家交流一下。

一是实践性。社会信用建设与法院执行工作是在一个社会有机体系中互动的，信用带动执行，执行塑造信用。社会信用既是我们执行工作的社会环境，同时也是当事人信用生成的需求标尺。在这个互动过程当中，也包括有我们的司法信用的作用与需求。比如，依法办案、公正司法可以优化司法信用体系，而执行是司法信用体系的关键环节，甚至是非常重要的关键环节。我认为，如果司法信用良好，那么，就会产生好的社会效益，包括诉讼运用效益。司法体系信用程度高，有可能会大大减少案件数量，因为社会成员在良好的信用体系环境中，会更愿意将其自身

---

[*] 中国社会科学院学部委员、法学研究所所长、研究员。

事务纳入信用体系的功效当中，而不是将其事务交由法院裁判。对一般当事人而言，其对自己事务及相关纠纷的是非曲直通常都有理性判断，如果他认为法院肯定会公正处理案件，对于自己理屈情亏的纠纷就不会拿到法院来寻求解决；相反，如果某些当事人自认为司法公正程度不高，那或许会激发其诉讼机会主义动机。所以，加强社会信用体系建设（其中包括司法信用建设），不仅能够提高司法机制的运行效益，也能减少诉讼机会主义，相应地也会减轻法院系统的案件数量压力。

我们今天把论题集中在信用执行问题上。我觉得，在社会信用体系建设当中，尽管执行工作具有塑造社会信用的功能，具备矫正当事人失信的力量，法院执行工作只是其中一个点。我们通过个案的一般效果来看，社会是通过我们的工作来塑造和形成一个有关守信或失信的判断，这个观念形成过程对社会信用增强和提升很有效果，也有助于进一步改善我们的法律工作状态与效果。另一方面，尽管我们的司法机制对信用建设确实很有效果，可以说是建立社会信用机制当中最有效率的一个构成；但是，在整个社会信用建设过程中，单靠法院的单打独斗也是不行的，法院只能利用自己的职能和某些措施工具来推进信用建设。这就提示我们，法院在社会信用建设或者运行社会信用机制实现工作目标时，要统筹兼顾，把自己的工作机制置于社会信用体系之中，而非之上。因此，完善社会诚信机制就不只是一个伦理意义上的追求，不是在伦理价值上追求极致，而是一个科学意义上的追求，把握相关信用建设措施的功效适度。

这也正是我们相关研究的一个出发点。我们认为，宁波法院建构的自动履行正向激励和信用修复这两项机制，是非常有应用价值和实践意义的，具有鲜明的实践性。这两项机制是在司法实践中发现的，在实践中形成和发展，由实践启发激发来形成的并且被实践证明是一项很好用的执行工作措施。

二是创新性。这是宁波法院在执行工作中敢为人先、勇于创新的经验结晶。宁波法院是在司法执行与社会信用互动关系当中，创新性地建构了这两项机制，是针对执行工作的新问题提出的新的解决方案。

三是有效性。刚才听了陈院长的经验介绍，这两个在强化完善信用体系方面所实施的新措施，在实践过程中有非常好的反馈，得到了多方认可，包括当事人的认可、社会公众的认可，以及法院内部的自我认可。就目前的实施经验来看，是一个很有效的制度创新。

四是提升性。宁波法院这两项创新，既是实践方法的提升，也是司法理念的提升。它不仅是操作方法的试探摸索，还是在一种新的司法理念、信用信念的引导支持下，通过深刻理论论证的方案进行的实践创造，是司法实践中执法为民、公正司法的理念、理论得到升华的体现。

五是可复制性。我认为，宁波法院的两项机制创新具有普遍的可复制、可推广价值。宁波法院创新的这两项机制，不仅在当地得到有效推行，其中蕴含的价值理念和具体做法也可以在全国法院系统进行推广。

当然，任何的制度创新都要接受实践的进一步检验，接受实践主体的持续审视。只有这样，我们才可以不断地发展和完善我们的制度体系，不断地改进和优化我们的工作方法。总的来说，对宁波法院的制度创新，应给予高度的肯定，这是一个来源于实践，又被实践证明了的好经验、好做法。但是，要使这两项制度创新可复制、可推广，就不仅要看这两项制度本身的合理性与应用性，还要看这两项制度与其所在体系如何协调、如何互动。我具体所指的就是当前法院系统执行工作的两件利器，一个是限制高消费，即限高令；一个是失信被执行人名单制度，即失信名单制度。因为平时对这两项制度没有做深入研究，这次为了参加宁波市中级人民法院两项创新机制的研讨会，我就认真学了这两项制度。我发现，这两项制度对于提升社会信用程度、提高执行效率确实有效，我们很多以往难以解决的问题，通过这两个制度的实施都可以迎刃而解。这两项制度通过法院系统实践，我认为有好的效果，但也要不断充实和完善。

深究起来，限高令和失信名单制度所建构的机制是不一样的。第一是作用领域不一样，限高令是在能力范畴建构机制，即当事人没有能力来履行法院判决，这个社会的信用识别信号是显示被限制人缺乏执行能力；失信名单制度则是在道德范畴建构机制，其社会识别信号是这个人不守信用。第二是平衡关系不同。限高令其实是当事人之间的利益评估与平衡，如果执行申请人基于胜诉判决而得不到充分执行，其预期利益因而受损，被申请人却在高消费，双方利益显然不平衡，而限高令在这方面就是实现双方利益平衡，给拒绝或不能充分履行法院判决的被申请人以带有惩罚色彩的消费限制。失信名单制度平衡利益并发挥作用的范围并不限于当事人之间，而是当事人与社会之间的利益平衡。通过失信名单确认一个人是失信人，会阻碍他跟其他社会成员之间的社会关系，因为进入失信名单等于告知全社会这个人不可信，以后要少与其或不与其打交道，以免因其失信而受损，所以这个平衡点是当事人与社会利益之间的平衡。第三是基本逻辑不同。限高令的逻辑是，既然没有财产可供执行，那就纳入限制高消费机制，因为高消费与无财产可执行之间是矛盾的，我们要用制度把这个矛盾消除掉。失信名单制度的逻辑是，既然本案不能执行，那么等于其他交易也会因失信人而失败，所以失信人就不要跟其他社会人员进行交易。当然，形式上并不是强制不许交易，而是有了这个失信名单之后，就会极大减少交易机会，实质上等于限制交易。第四是压力方向不同。限高令、失信名单制度都借助社会压力实现目的。如果把涉案当事人之间的相互作用关系视为一个系统，就会发现限高令是由内向外产生压力作用，失信名单制度则由外向内产生作用。

我个人看来，限高令制度建设的内在逻辑适当，其效应亦相当适度。但是，我对失信名单制度还是有些疑虑，建议对其采取慎重观察的态度，以提高失信名单制度建设的适当性。我认为失信名单制度的外在效力过于强烈，往往使得进入名单者处于过罚不相当的境地。一是负面性，失信名单制度明显是对进入者给予负面评价；二是公开性，失信名单要向社会予以公示；三是标识性，以一个给予具体案件的不执行事例，将一个主体整体性地标示为失信者；四是严重性，在一个社会尤其是交易具有普遍性的现代社会，将一个主体标示为失信者，其严厉程度大于一般的行政处罚，甚至大于一般的刑事处罚；五是黏附性，看起来设置了失信名单注销制度，但实际上一个民事主体一旦进入失信名单，即使其后予以注销，其负面评价记录往往伴随久远。

可见，民事主体的信用状态一旦被权威机构标明为负，其后很难予以修复，尽管我们可以用咎由自取来回应失信者的困窘，但作为负责任的公权机构，坚持过罚相当原则应是固有之义。这里，我们可以从宁波市中级人民法院创造的信用修复机制得到启发。当然，将失信者从名单中删除，我们叫作信用修复，但我觉得更多的是信用止损，因为已经知道某人失信的社会记忆不会因此而骤然消除而只能逐渐淡化，而且不知什么时候又被突然提起。所以，对于解决执行难所采取的一些司法措施包括失信名单制度，其动机非常好，其效果上也能强化社会信用，保障司法信用使执行能够得到充分的实践，但是，为解决执行难而采取信用评价措施，毕竟是社会信用体系功能的一个方面，我们应当考虑这些措施的综合效果。我的一个看法是，在社会信用建设方面，仅仅有伦理坚持还不够，还要把握信用建设的科学性。只有符合科学思维、坚持科学方法的社会信用建设措施，才是在机制上根本有效、在实践上长期坚持的措施。

因此，对于一些司法领域运用的信用评价措施，我们仍然要像宁波法院这样在运用上慎之又慎，采取善意文明的执法司法理念。比如在实务中坚持这样一些理念：一是要审慎运用，二是有程序保障，三是应及时止损，四是能有效恢复。这样就能使我们法院的执行工作做得更好，我们对整个社会的贡献就不仅仅是使我们的工作便利，而是使整个社会尤其是信用状况——因为我们的努力得到整体的改善。这样我们就会觉得，我们法院在整个社会信用机制建设当中，确实起到关键环节的重要作用。

发挥自动履行正向激励机制作用，推动形成"自动履行为主、强制执行为辅"新格局

魏新璋[*]

各位专家、同仁、媒体朋友们：

中国社会科学院法学研究所、宁波市中级人民法院、宁波市发展和改革委员会联合主办的这次研讨会很有意义。关于自动履行正向激励机制，自镇海区人民法院先行探索实践、宁波市中级人民法院及时总结推广到宁波全市法院，我一直密切关注、跟踪，组织开展了多次调研，形成了一些粗浅的认识和想法，今天向大家作一汇报，请批评指导。

一 对自动履行正向激励机制的评价

我的总体评价是，这一创新实践，敏锐抓住了社会信用体系建设的薄弱环节，找准了司法融入国家治理体系治理能力现代化的着力点和司法服务保障大局的切入点，紧密契合了当前"两个大局"的形势任务要求，充分体现了法院的担当和作为，对优化营商环境、推进社会信用体系建设具有重要作用。

---

[*] 浙江省高级人民法院党组成员、执行局局长。

大家知道，2016年起全国法院开展了为期三年的"基本解决执行难"行动。浙江法院与全国法院一样，攻坚克难，取得了明显成效。但是，执行难问题的解决，不可能通过一个阶段性工作实现根本性改变，特别是执行的实际效果与人民群众的期待还有很大距离，社会公众最关注的还是执行标的的到位情况。反映到质效指标上，主要是标的清偿率。2016年以来，经过努力，浙江省执行案件标的清偿率从21.47%提升到33.06%，增长幅度达到53.98%。除标的清偿率外，生效裁判的自动履行率也比较低，每年有超过60%的生效裁判进入强制执行程序；大量确无财产可供执行的终本案件成为"僵尸案"，相关当事人尤其是胜诉当事人合法权益得不到及时兑现，这对经济社会发展的负面影响是非常大的。20多年来，浙江全省执行终本案件存量有上百万件、涉及标的金额逾万亿元，2019年全省终本率达到39.12%，有41家法院的终本率超过40%，终本案件年新增超过20万件，终本案件基数呈现"滚雪球"式增长。试想，这么多生效裁判确定的债权没有得到实现，必然影响胜诉当事人的生产经营和消费水平；反观未履行生效裁判确定债务的"失信人"，你拒不履行，哪怕有再多资产，处处受限，不能置产、不能参与投标、不能投融资、不能高消费，资产都"死"在那里，产生不了效益，这对经济社会的发展该造成多大的伤害，对社会风气带来多么严重的负面影响。

"病根"在哪里？必须追根溯源、刨根问底。"处方"该怎么开？任务很艰巨，必须广开思路。执行难，从表现形式看，难在当事人不自动履行、不配合执行、缺乏履行能力；但从深层次分析，根本性的原因，是难在没有对当事人的这些行为或者困境形成有效的制度引导和约束、激励和惩戒，社会治理体系不够完善，治理方式不够科学，社会信用体系不够健全。

基于此，2019年起，浙江省高级人民法院党组确定从诉源治理和执源治理入手，着力破解生效裁判履行情况不佳问题，在强调司法规范和执行措施刚性的同时，注重引导和激励守法守信行为，双向发力，充分激发和调动当事人依法履行生效裁判确定的义务的内生动力，推动形成"自动履行为主、强制执行为辅"的全新格局，2019年度，全省执行收案量、执行收案占法院收案的比重、自动履行率、标的清偿率等数据都逐步向好。

全省各地法院为此进行了不少探索，宁波市中级人民法院、镇海区人民法院、江北区人民法院"自动履行正向激励"的实践就是其中的样本。这项机制以实现胜诉债权人权益为目标，在当事人、法院、社会各界之间架起司法信息共享的桥梁，既化解矛盾冲突、弥合社会关系撕裂伤，又补足了信用机制建设中激励不足的短板，助推了社会信用体系的完善，打开了更好发挥法院职能作用的一扇窗户，是理念的革命、做法的创新，是司法参与和融入社会治理体系和治理能力现代化建设的全新样本。

"乘势而上"，自动履行正向激励机制之所以能引起各界积极的正面评价和广泛的关注，除了机制本身的合理性，还在于它契合了当下的三个"新"。一是契合了市场经济发展新形势。市场经济，本质上是法治经济、信用经济，要求司法依法规制违法和失信行为，依法引导和鼓励守法守信行为，为市场主体健康成长、经济社会有序发展提供强有力的、优质高效的司法服务和保障。二是契合了优化营商环境新任务。营商环境是培育市场主体、激发市场活力、促进要素流动、提高资源配置效率、吸引外部投资的核心竞争力的关键，可以说，营商环境就是生产力、就是竞争力。正如习近平总书记论断，法治是最好的营商环境。以法治化的思维、法治化的手段、法治化的实践引导当事人快速、低成本、少环节的"自动履行"，对助推营商环境优化大有裨益。三是契合了"六稳""六保"新要求。自动履行正向激励机制经历今年抗击新冠肺炎疫情形势检验，在助力复工复产、融资扩产方面作用和成效显著，助推经济社会发展目标实现的同时，展现出强大的社会适应性和生命力。

二 如何推广这项机制

如前面所述,近一年来,浙江高院在密集地调研和培育这一机制,并决心要将这项机制推广到全省、走向全国。从调研的情况看,对于这一机制的提法还不尽统一,比如在对"自动履行"这一行为的表达上,有自动、自觉、自愿、自行、主动等多种提法,目前看"自动"的表述有点约定俗成、被广泛认同,社会影响也已比较广。另外,究竟是提"正向激励、信用修复""两项机制"还是"正向激励"一种提法,本人倾向于后一种。从广义上讲,正向激励也好,信用修复也罢,都是对当事人履行生效裁判的正面引导、评价,都具有鼓励、激励的作用。个人认为,把二者统一起来,统称"自动履行正向激励机制"更符合机制设定的初衷,也便于机制的推广。关于这项机制如何推广,我认为要处理好四个关系。

一是正确把握党委领导下的综合治理和法院主导下的专门工作的关系。执行难问题,本质上是社会治理问题,是多种社会矛盾在司法领域的综合反映,仅靠法院单打独斗不可能得到彻底解决。社会问题须社会解,必须坚持在党委领导下,各有关部门通力协作、全社会参与、齐抓共管,加强综合治理、源头治理,发挥法院主导作用,从社会治理创新的高度去推进。浙江法院立足"三个地"(即中国革命红船启航地、改革开放先行地、习近平新时代中国特色社会主义思想重要萌发地)的政治优势,对标习近平总书记2020年3月29日至4月1日考察浙江时赋予浙江"努力成为新时代全面展示中国特色社会主义制度优越性的重要窗口"的新目标新定位,秉持"干在实处、走在前列、勇立潮头"的浙江精神,在省委、省委政法委的领导下,扎实推进综合治理,奋力从源头切实解决执行难问题。

二是正确把握强制和善意的关系。强制性是执行程序的本质属性。同时，善意文明是执行工作为经济社会发展提供更加优质司法服务和保障的内在要求。二者之间不是割裂的，更不是对立的，而是执行工作的一体两面。2019年，最高人民法院下发了《关于在执行工作中进一步强化善意文明执行理念的意见》，明确指出，强化执行工作的强制性，及时保障胜诉当事人实现合法权益，依然是执行工作的重心和主线；但在执行过程中，要严格规范公正保障各方当事人合法权益，坚持比例原则，找准双方利益平衡点，避免过度执行。对最高人民法院的这一要求，我把它概括为"铁腕+规范""强制+文明""打击+教育"。从这个意义上讲，依法公正、规范、高效地实现胜诉当事人权益就是执行最大的善意，但是执行手段要避免一味"强"，要讲究策略，尽可能选择最好的方案、运用最佳的方式，以最短时间、最低成本、最少代价实现胜诉当事人权益。

2020年，在疫情影响下，经济下行压力增大，要实现习近平总书记"复工复产化危为机"的要求和"六稳""六保"工作目标，强制执行更应发挥其维护市场和社会稳定的职能，"多在帮助企业渡过难关上想办法，助力企业纾困发展，避免釜底抽薪、争取雪中送炭"，留得青山、赢得未来。宁海一家医疗企业原本已被纳入失信被执行人名单，年初经过论证，给予正向激励（从失信名单中撤下），便利企业获得新增融资3000万元、撬动海外订单近2亿元。现在这家企业清偿了历史债务，并且开始扭亏为盈。江北一家企业因陷入担保链被纳入失信被执行人名单，后经过综合论证，给予正向激励，企业年产值增长超过100%，全球市场份额占到35%以上……这些是最典型的例证，也是最好的例证。推而广之，执行工作在保障胜诉当事人合法权益的同时，要增强对个案强制措施的适当性论证，对具备较好法治意识，仍有发展潜力的企业给予正向激励，最大可能激活各类生产要素潜能，激发和点亮企业发展第二春。

三是统筹兼顾立案、审判和执行的关系。当事人打官司，因为诉讼阶段的不同和渐次推进，一般要经历立案、保全、审判、执行等多个不同的程序环节。不同环节往往由不同的业务部门和法官办理，但对于当事人来说，却只是向法院提出一个请求，也即"一件事""一件案"。高质量办案就要着眼当事人的每个"一件事"，统筹提升各环节的办案质量，用最少的流程、最短的时间、最优的服务，一揽子解决当事人的烦心事、操心事、揪心事。从促进自动履行的角度，就是要注重强化审执兼顾，把立案、审判与执行各环节的工作在保护当事人合法权益目标的一致性上突显出来，形成切实解决执行难的内部合力，激发内生动力。从立案受理窗口开始，全流程重视释明引导、提示申请财产保全，加大调解力度，加强判前释明、裁判说理，引导和督促当事人服从判决并积极履行，推动形成"全程发力、环环呼应、应释尽释、能督尽督、督执联动"的工作格局。

四是处理好司法信用和社会信用的关系。2014年以来，全国各地按照国务院《社会信用体系建设规划纲要（2014—2020年）》的要求有序推进社会信用体系建设，取得明显进展。2019年，国务院进一步提出要"建立以信用为基础的新型监管机制"。但客观来讲，目前我国信用体系还处于初步成型阶段，近几年全面深化"放管服"改革，企业设立的门槛降低，相关统计显示，2019年1—10月，我国日均新设企业1.97万家、日均新设市场主体6.32万户，但在实践中，重"放"轻"管"、重设立轻监管的问题还比较严重，对企业设立后的监管不到位甚至真空，造成不少市场主体无序、野蛮生长，不依法依规守信经营，产生大量涉企纠纷案件。

建立和完善社会信用体系建设，要求法院主动积极地融入社会信用体系建设中，法院拥有海量涉诉涉执信息，具有参与社会信用治理的独特条件和资源。自动履行正向激励机制能够敏锐发现判后执前的履行情况处于"失管"状态，并挖掘和运用这些信息，将自动履行完毕的守法主体筛选出来并应用于金融信贷支持、行政监管支持等信用场景。这对于社会治理方式转型升级、行政管理资源合理配置、金融风险分级控制、社会关系修复方式革新等具有明显的积极意义。2020年7月，浙江省衢州中院联合衢州市营商环境建设办公室、衢州市信用衢州建设领导小组办公室出台《关于构建"134N"智慧治理模式为衢州信用体系建设提供司法保障的意见》，将生效裁判确定义务的履行情况作为社会主体诚信积分（信安分）的赋值评价依据，并嵌入四大行政审批平台、应用于22个信用场景，将司法信用与社会信用体系深度融合，以多类型的正向激励引导、推动自动履行。据我判断，这是趋势，未来将有越来越多的行业信用信息、管理信用信息等汇入社会信用体系平台，通过高精度的算法给出社会主体信用评分、评级或画像，一方面扩大了自身掌握的信用信息的应用范围和影响力，另一方面有效扩大社会信用体系的覆盖面，实现单点信用信息归集与整体信用评价的全流程立体式多维度信用治理模式。

目前，自动履行正向激励机制向全省推广进程正在加速，浙江高院已与多部门协商探讨，争取将激励的效应最大化、将自动履行引导的影响力最大化，引导社会大众尊崇司法裁判、敬畏法律，强化自动履行的意识和意愿，助推自动履行为主、强制执行为辅的新格局形成。

希望各位专家、学者，继续关注和支持浙江执行，为自动履行正向激励机制的优化和推进不吝指教。

信用修复需要注意的几个问题

田 禾[*]

今天在这里讨论信用修复问题,这是一个很热的话题。过去,人们对为什么要信用修复,也就是它的意义何在,讨论了很多,但对信用修复的标准、路径、方法谈得不是很多。

法院失信被执行人名单制度和限制高消费制度自实行以来,特别是为时三年的"基本解决执行难"以来,深入人心,对维护司法权威、维护社会公正起到了很好的作用。但是也有需要深入考虑的问题。一项制度的好坏不仅要看其制定的宗旨,还要看实施的状况。一些理论研究和政策出台经常存在虎头蛇尾的现象,理论上提出了一个很好的命题,或者出台了一项很好的政策,但在大多数情况下,就像足球场上守门员开球一样,各部门使劲踢出去,然后就没有下文了。对很多部门来说,往往是政策一出台,就万事大吉了。而且,越是在基层,越是没有配合、没有协作、没有规范和标准。这是因为我们的研究习惯于理论宏大,而对实现宏大目标的方法则不太重视。失信被执行人名单制度和限制高消费制度具有惩戒作用,实操性强,影响力大,本身是很好的,但是如果劲使大了,作用会相反,那就需要减缓压力,增加弹性,将制度实施中的负面作用降到最低。宁波镇海和江北的两

---

[*] 社科院国家法治指数研究中心主任、研究员。

项创新很有意义，从实践层面上示范了信用修复的路径和标准，是减缓压力，增强社会活力的很好的实践。

宁波的实践证明，信用修复某种意义上是社会治理精细化的表现。一个健康的社会不是完美无缺的，而是在出现瑕疵的时候能够实现有效的自我修复。在过去几年"基本解决执行难"的过程中，各地法院都建立了失信被执行人名单，但进去容易出来难。我们调研时曾经在一个法院遇到一件事。为了解决这件事，这个法院当时的执行局长急得不行，我们问出了什么事呀，这位局长说有一个暴力抗法的被执行人在外地被抓到了，在很远的地方需要把他带回来。由于不能坐飞机，不能坐高铁，不能住宾馆，当地派出所也不愿意去管。法院需要临时性地解除限制措施，但是做了很多工作都解决不了，那怎么办呢？因为急着带回法院来，只好找一个法官日夜兼程不吃不喝开车连夜往回带。可见，这个制度本意是好的，但是操作中也把自己限制住了。这个是一个进去容易出来很难的制度，不仅对于法院，对上了名单的被执行人更是如此。需要信用治理的精细化，避免在信用监管和失信惩戒中机械的"一刀切"，区分不同的情况，分类执行，做到有头有尾，有始有终，有进有出。

宁波的信用修复实践标准，其实质性内容基本符合执行的基本规律。如提出的五项内容，是否积极配合传唤及执行、是否严格申报财产、是否遵守限制高消费令、是否配合处置现有财产、是否制定履行计划。

宁波的信用修复实践也具有程序正当性，比如规定须组成合议庭、在3个工作日做出决定、书面通知送达当事人。程序是司法运行的生命线。

宁波经验还说明，信用修复有助于营造良好的营商环境。信用是最大的资产。信用修复有助于净化人与人之间的交往环境，降低人际交往成本，提升司法公信力和社会的"诚信意识"，使"社会诚信"成为人民群众美好生活的道德基础。

宁波的信用修复给主观上有履行意愿的被执行人以喘息的机会，使其能够改善经营，积极提升履行能力。信用修复有助于鼓励被执行人积极履行债务，避免大量执行案件成为执行不了的老大难问题。信用能保护申请执行人的权益，也能形成全社会尊法守信的氛围，优化营商环境。

特别值得注意的是，信用修复、正向激励是不是鼓励欠债不还钱，是否对那些积极履行债务的当事人造成不平等待遇，估计这是很多人会产生的疑虑。因此，制度推行过程中，宁波是如何化解这样的疑虑的，经验值得总结。还有哪些来自群众的疑虑没有打消，也需要关注。也就是说，一方面要改善营商环境，另一方面要赢得民众的支持。

这里就宁波的创新制度提几点值得注意的问题。

一　正确处理改革与制度稳定性的关系

信用修复、正向激励关系到对信用惩戒机制的改革，是当前信用监管和失信惩戒的创新，在立法层面，各类文件虽然涉及了信用修复问题，但很多问题却缺乏法律的明确界定。比如，法院依职权解除失信无法律规定，如何加强信用信息共享、如何全面激发正向激励的红利，在哪些领域（除了银行授信以外）可以为案件当事人提供信用激励保障，都需要通过完善修改相关法律制度来实现，如果没有法律制度的保障，信用修复仍然难以摆脱阶段性、条块化、碎片化的结局。因此，结合这样两项创新，有关部门进行立法的需求已经刻不容缓。

另外，现在提到的"正向激励"是一个中性词，千万不要把它作为一个奖励来看待，它更多的是一种救助和宽宥，这个立场是必须明确的。

二 正确对待法院失信名单与营商环境的关系

建设诚信社会是优化营商环境的重要方面，为此，法院加大了执行力度，积极解除执行难的困境。但是随着曝光的失信被执行人名单的增多，有些地方开始担心会影响地方招商引资，影响到对地方营商环境的评价，为此，法院承受了一定的压力，有些地方甚至要求法院屏蔽一定数量的失信被执行人名单。事实上，应该正确看待法院失信名单与营商环境的关系问题，失信人名单也存在一个动态的变化过程，随着法院执行力度的增加和社会信用体系建设的不断完善，执行难问题终将得到缓解，失信被执行人的数量也将大幅度降低，体现良好的营商环境。

三 正确认识善意文明执行与强制执行的关系

强制执行与善意执行不是对立的关系，而是相互补充、相辅相成的。执行工作是依靠国家强制力实现胜诉裁判的重要手段。强制性是法院执行的本质属性，在被执行人不履行法院判决的情况下，法院通过强制性手段实现执行目的。采取强制手段要符合比例原则，善意文明执行是比例原则在法院强制执行中的运用，在规范执行的前提下，以有利于执行为目的，选择适当的手段强制被执行人履行。因此，善意文明执行与规范执行、提升执行的强制性并不冲突，相反还会将执行强制力聚焦到对规避执行、逃避执行、抗拒执行行为的依法打击和惩处上来。

四 妥善处理制度的灵活性与标准统一性的问题

具体问题应当具体分析，对被执行人的具体情况应进行分类执行，体现制度的灵活性，但是也要注意实务上的可操作性以及全国执行标准统一的问题。目前存在对被执行人进行限制消费的制度和纳入失信被执行人名单这两项制度,在实务中存在重叠交叉的问题,执行人员操作起来并不容易,信用修复则进一步使制度复杂化,如何方便执行人员理解和操作是需要进一步考虑的问题。

由于各地都在尝试信用修复的制度创新,但各地的信用修复的具体标准存在差异,因此,建议最高人民法院考虑在各地创新的基础上建立全国统一的执行信用评级标准。

五 处理好审执一体化与信用修复的关系

进一步加大审执一体化工作机制。解决执行难需要从源头治理,依法减少诉讼案件。宁波的两项机制实践是化解执行难的重要机制,但同时也需要审判执行的联动,尤其是审判环节要树立审执兼顾,甚至审执一体的办案工作理念,鼓励审判环节的积极参与。信用修复应当全周期地考虑信用问题。如果出现虚假诉讼,行为的信用评价,审判阶段的信用评价应当作为后期信用评价、修复的重要参考。

六 应将法院的执行信用修复纳入社会信用体系建设的架构中

现实中,法院的信用修复尚未纳入全国统一的征信平台,法院外部获取被执行人失信修复结果需要当事人自己提供,或者法院与特定机构的定向通报,很多部门不认同这种认定方式,因此导致被执行人的信用修复结果不如人意。比如银行查不到自动履行的记录。目前正处于建设和完善社会信用体系的关键阶段,法院对失信被执行人开展联合信用惩戒是社会信用体系建设的重要板块和内容,因此,法院在民事执行中采取的信用修复机制也要注意与其他行业的信用修复机制相协调,以建立有机统一的社会信用修复机制。

宁波两项机制的制度效应

肖建国[*]

浙江法院是出司法改革经验的地方，宁波法院是司法改革试验田、创新高地，敢为天下先。令人印象深刻的如网络司法拍卖制度，这是浙江省高级人民法院首创。浙江高院当年顶着重重压力，率先推行，取得了特别好的效果，并在短时间内推广到了全国，最高人民法院2016年出台司法解释对此加以正面肯定、确认和固定，目前该制度也被吸收进入正在起草的《民事强制执行法（草案）》中。司法网拍最早也是8年前宁波市北仑区人民法院和鄞州区人民法院率先第一拍的，2013年我曾经率领调研团队赴宁波调研，也曾应浙江法院之邀对司法网拍创举进行了点评，所以算是见证者、参与者。期间也受益良多。在此向宁波法院表达我的敬意。

我从三个方面针对宁波两项机制的制度效应谈谈我的想法。一是这两项机制凸显的体系化效应，二是这两项机制凸显的执行失信惩戒机制的基础性效应，三是信用惩戒分级、信用修复与强制执行比例原则的关系。

---

[*] 中国人民大学法学院教授。

一 宁波两项机制凸显了强制执行的体系化效应

1. 强制执行是系统化工程

强制执行是一项系统化的工程,存在着多层次制度体系,不同制度之间协调配合发挥作用。这个体系需要兼顾前端、中端、后端的关系。在前端,要处理好执行与立案、审判的关系,做到立审执兼顾;也要处理好执行与财产保全的关系,从而加大诉讼保全力度、降低诉讼保全成本。在这个方面,我注意到宁波法院有当庭履行、调解协议违约条款、调解书担保条款、督促履行等不少好的尝试。在中端,浙江法院包括宁波法院一直以来是强制执行一性两化的高地,执行的强制性,规范化和信息化,一直走在前列,有深入的基础。在后端,要发挥执行与破产、社会保障等相关制度分化配合的功能,解决执破衔接中执行与破产的关系,也要协调好执行与社会保障制度的关系。

宁波法院的"六书",具体生动地反应了强制执行体系化要求,给我留下了深刻印象。这"六书"包括:自动履行告知书、自动履行承诺书、自动履行提示书、自动履行催告书、申请破产审查告知书、自动履行证明书。宁波"六书"是强制执行体系化效应的一个缩影,值得进一步完善。

2. 信用体系是强制执行体系化的重要一环,也是解决执行难的关键

我记得 2011 年 3 月 7 号下午,当时正值全国两会的政协会议开幕,全国人大常委会法工委召集学者开会讨论《民事诉讼法》修改方案。当时主要讨论的议题是《民事诉讼法》修改中执行程序的定位,其中包含了执行难的原因何在、执行程序要否单独立法、执行程序和民事诉讼法的关系等。在讨论中,与会学者都表达了一个共识性观点,即信用机制的缺失是执行难的一个主要

原因。

实际上,《民事诉讼法》上有五难:起诉难、取证难、申请回避难、保全难、执行难。除执行难外,其他四难现在基本上得到了解决,原因在于法院可以把控,凭法院一己之力可以独立完成。但是执行难不同,靠法院单打独斗很难解决,需要多方合力、多管齐下、综合治理才能解决。而信用体系的建设和信用机制的形成,就是一个综合治理的过程,需要党委领导、政法委协调、人大监督、政府支持、法院主办、部门联动、社会参与,多方协力才能奏效。在这方面,宁波法院的经验值得借鉴。

二 两项机制凸显了执行失信惩戒机制的基础性效应

1. 执行失信惩戒是执行工作长效机制的基础

将信用机制建设内化为民事执行制度和程序,把间接和辅助执行措施延伸到执行程序之外,全面确立执行威慑与失信联合惩戒机制,强化对逃债赖债行为的制裁力度,这一点是民事强制执行立法的基本定位,也契合中央决策层提出的"健全和完善执行工作长效机制"的思想。

继2007年《民事诉讼法》将执行威慑与联合惩戒机制入法,2012年《民事诉讼法》首次以法律形式宣告了恶意串通逃避执行的非法性和对逃避执行行为的制裁措施,即对于通过假诉讼、假仲裁、假调解逃避执行的,可以罚款、拘留甚至追究虚假诉讼罪、拒不执行判决裁定罪。中办、国办、最高法院文件等的规定强化了对妨害执行、规避执行和逃避执行的打击制裁力度,在当前建设诚信社会的背景下,凝聚了社会公众的价值共识,对于我国正在建立的执行威慑与联合惩戒机制具有积极的促进作用。

执行失信惩戒之所以能为自动履行激励机制提供有力保障,其原因在于,只有对逃债躲债、规避执行的老赖行径下猛药、出重拳，大幅提升背德失信者的道德、经济和法律成本，才能建立一套促使债务人自动履行生效法律文书的制度装置。这套程序装置是：整合社会力量，综合运用法律、政策、经济、行政、道德、舆论等手段和教育、协商、疏导等多种方法，通过与相关部门实行"点对点"查控，公布被执行人"黑名单"，加大拒不履行行为的成本，使被执行人在融资、置产、出境、注册新公司、高消费等方面都受到严格的限制，挤压被执行人的逃债空间，充分发挥执行联动威慑机制的复合功能，最终达成当事人自动履行判决为主、法院强制执行为辅的目标。

2. 执行失信惩戒为提高自动履行率提供有力保障，也是自动履行激励机制得以奏效的基础

被执行人规避、逃避执行甚至恶意赖债现象，一直很严重。逃债率高、自动履行率低的现象长期存在。1999年《中共中央关于转发〈中共最高人民法院党组关于解决人民法院"执行难"问题的报告〉的通知》中，已经将执行难归结为四难：被执行人难找，执行财产难寻，协助执行人难求，应执行财产难动。其中，"被执行人难找""执行财产难寻"属于典型的规避逃避执行形式，而"协助执行人难求""应执行财产难动"与被执行人逃债赖债也有千丝万缕的联系。从这个意义上说，解决"执行难"问题，首要之点就在于解决被执行人规避、逃避执行的问题。市场经济不断深入发展，而与之相对应的民众的法治信仰、诚信意识却没有显著增强，法院生效裁判的自动履行率过去不断降低，从1995年的70%、2008年的40%，降到2010年的30%不到，许多基层法院不足20%，此后自动履行率一路下降。强制执行的比例大幅度上升，打法律白条的现象越来越普遍。而债务人之所以敢无视生效法律文书，采取转移隐匿财产、虚假诉讼、虚假仲裁、玩失踪等方式规避逃避执行，甚至公然对抗法院的执行，究其原因，在于债务人逃债赖债的违法成本过低、社会信用机制失灵、执行威慑机制缺失。宁波市镇海区人民法院统计，2019年上半年为16.31%，下半年提升至25.19%，彰显了自动履行激励机制的作用。

三　信用惩戒分级、信用修复与强制执行比例原则

信用惩戒是把双刃剑，在打击严重失信行为时，可能会伤及无辜。这也就是陈甦所长讲到的失信惩戒可能会产生过于外溢的效应。其原因有两个，一是在于目前的失信惩戒带有明显的结果导向，对于被执行人的履行意愿考虑不足；二是实践中欠缺对两个等级的划分，一方面是失信行为的程度等级，另一方面是信用惩戒的力度等级。应当根据失信行为的程度等级采取相应力度等级的惩戒措施。建立符合强制执行比例原则的信用惩戒分级机制，对于主观恶意高、恶意逃废债的严重失信行为进行惩戒，且不得进行信用修复；而对于有履行意愿的一般失信行为，则可以进行信用修复。这样做，符合失信惩戒制度的目的，即重点打击规避逃避执行等严重失信行为，也符合最高人民法院《关于深化执行改革健全解决执行难长效机制的意见——人民法院执行工作纲要（2019—2023）》的要求。

宁波法院的信用修复机制，有失信行为分级和失信惩戒分级的作用，同时也为信用修复提供了可能的空间。例如对申请信用修复规定了最低门槛，只有失信被执行人虽未履行生效法律文书确定的义务，但同时具备下列情形的，可向执行法院申请信用修复：（1）经传唤于规定时间到达法院配合执行；（2）严格遵守财产滚动申报规定；（3）严格遵守限制消费令；（4）配合人民法院处置现有财产；（5）有部分履行行为及明确的履行计划。同时对于严重失信行为，排除在信用修复之外。如规定以伪造证据、暴力、威胁等方法妨碍、抗拒执行；以及以虚假诉讼、虚假

仲裁、虚假租赁或以隐匿、转移财产等方法恶意规避执行的情形，不宽容，零容忍，不得申请信用修复。

最后，我期待宁波法院在自动履行激励和信用修复两项机制建设上，继续探索和完善，形成可复制的经验，在全国推广。

执行领域信用激励机制的法治化思考

王 伟[*]

一 对两项机制的基本评价

宁波市的这两项机制准确把握了新时代经济社会发展的特点和趋势,关注到社会所关心的热点和难点,为司法领域的社会信用打开了新思路,开辟了新境界,具有重大的创新意义。主要体现在四个方面。

(1) 极大地拓展了司法功能。集中体现为司法角色的转变,从过去消极被动的裁判者和执行者,向积极有为的引导者、协调者转变。

(2) 形成了高度制度化的激励体系。目前人民法院在执行领域的信用建设,主要是集中于失信惩戒领域,但是正向激励机制匮乏。宁波市的这两项机制,填补了相关制度的空白。这体现为信用定位的转变,从过去的惩戒为主,向激励为主、惩戒为辅的转变。

(3) 推动了信用领域的社会共治。信用建设领域得以扩展,从过去司法的单一领域,向社会各个层面迈进,带动社会各方的

---

[*] 中央党校(国家行政学院)政法部民商经济法室主任、教授。

参与，实现了法院、政府、社会的联动，既强化自我约束，也注重外在监督。

（4）丰富了社会治理方式。党的十九届四中全会提出，要完善党委领导、政府负责、民主协商、社会协同、公众参与、法治保障、科技支撑的社会治理体系，建设人人有责、人人尽责、人人享有的社会治理共同体。过去，司法机关参与社会治理，往往被狭隘地理解为是参与社会矛盾的化解，治理手段相对单一。宁波市的两项制度，贯穿了立、审、执、破的全过程，极大地丰富了司法机关参与社会治理的方式和手段。

二 执行领域信用激励机制的法治化思考

正义是人们孜孜以求的永恒价值观念。按照罗尔斯的观点，一项正义的制度应当包括三个方面：第一是形式正义，第二是实质正义，第三是程序正义。我国也有学者认为，司法的最高境界不是"案结事了"，而是公平正义。宁波市的两项机制要进一步实现法治化，就应当努力追求制度正义。在形式正义方面，要以科学严谨的立法和司法规则确立相关制度；在实质正义方面，要通过对权利、义务、责任的依法配置，维护当事人的合法权益，维护社会利益；在程序正义方面，要以公开、透明、科学的法律程序保障司法过程。两项机制要实现法治化，其重点在于：（1）构建权威高效的规则体系。（2）构建完善的司法审查和监督机制。（3）构建体现信用激励机制的社会共治机制。

（一）构建权威高效的规则体系

当前我国社会信用体系建设发展迅速，逐步形成了信用信息的采集、归集、共享公开、失信惩戒、守信激励、信用服务等机制。社会信用建设，对解决经济社会发展中不诚信的问题提供了很好的解决方案，具有显著的效果。但在另外一方面，"泛信用化"的问题也非常突出，引发了人们对其合法性的质疑。由此，有效性与合法性的争辩一直伴随着社会信用体系建设的全过程。司法领域的社会信用体系建设，由于《民事诉讼法》提供了效力层级较高的法律根据，最高人民法院所构建的失信被执行人名单制度、限制高消费制度等也具有较高的权威性和公信力，确立了其正当性和合法性，社会少有指责。但是，两项机制作为重要的创新，需要高度重视合法性的问题。

我们认为，与政府推动工作所出台的相关政策性文件不同，通过立法或者司法解释确立相关规则体系，可以较好地平衡各方权利、义务，确立公平合理的责任体系。要构建权威高效的规则体系，近期可以主要考虑两条路径。

第一条路径，将两项机制融入地方信用立法体系。宁波市的相关经验应当融入相关地方信用立法，从而使司法领域的信用激励机制、信用修复机制与整体的社会信用体系有效对接。目前，浙江省已经制定了《公共信用信息管理条例》以及其他相关信用管理规定，两项机制中的激励信息和信用修复信息应当融入公共信用体系，从而有效拓展和延伸制度的辐射面。同时，由于执行信息是判断行为人信用状态的核心信息之一，执行信用信息的融入，将使得公共信用信息的效用能够更大限度地予以发挥。在不与上位法冲突的情况下，由地方人大制定条例或出台决定等，也是两项制度融入地方信用立法体系的重要路径。

第二条路径，将两项机制融入相应的司法规则体系。目前，两项机制还仅仅是地方的创新。在进一步总结经验的基础上，两项机制可以考虑上升为司法系统的制度设计。通过对失信被执行人信息公开、限制高消费等司法解释进行修订或者单独出台相关司法领域的信用激励规定，确立全国统一适用的司法规则体系。同时，按照原则性和灵活性相统一的要求，最高人民法院的相关司法解释应当主要规定较为刚性的强制性制度，并鼓励地方各级人民法院采取较为柔性的执行手段，特别是信用承诺、违约责任等相关制度。

当然，从长远来看，还可以有第三条路径。在经过充分的实践之后，如果可以将这两项具体机制进行抽象，提炼出重要的规则体系（如信用分级分类管理、信用激励主体、信用激励机制、信用激励手段、信用激励程序、救济机制等），则可以考虑将其上升为强制执行法、社会信用法等的重要内容。

（二）构建完善的司法审查和监督机制

宁波市的两项机制已经就信用激励、信用修复的实体和程序条件等作出了规定，可以进一步凝练到规则体系之中。考虑到人民法院在这两项机制的具体运行中都居于主导地位，要实现更高程度的法治化，就需要确立司法机关的职责职权、规则适用的实体条件和正当程序，进一步完善司法审查和监督机制。在地方立法或者最高人民法院的规则体系当中，应当分门别类地明确相应的治理工具，特别是要运用柔性治理机制，强化用管理强度相对较低的手段去做好激励。

在现行制度的基础上，建议进一步开展相应的机制创新，值得关注的包括以下几个方面。

（1）建立分级分类的失信惩戒机制。在对轻微违法行为、一般违法行为和严重违法行为进行界定的基础上，分别匹配不同的执行手段或信用手段，从而使得违法行为的严重程度与信用惩戒的严厉程度相匹配。首先，对于较为轻微的失信行为，予以豁免惩戒。例如：2020年7月1日实施的《南京市社会信用条例》规定，轻微违法行为豁免信用惩戒；其次，针对一般违法行为，则主要采取加强管理的信用手段，给予有限度的约束；最后，对于严重违法行为，则可采取强度较大的限制类、禁止类信用惩戒措施。

（2）增加司法信息公示的具体方式。宁波市的暂停信用惩戒措施主要是采取删除、屏蔽被执行人信息等方式，我们认为可以考虑增加批注的方式。因为，对失信信息予以删除或屏蔽，则特定被执行人的失信信息不具有连续性，从某种程度上不利于交易安全。在现实中，对于有较多执行案件的企业，此前的记录被删除之后，权利人或社会公众无从客观了解被执行人历史上的信用状况，相关权利人、信用服务机构等对此颇感困扰。从英美征信业的实践来看，对于失信行为的修复，主要手段不是删除其信息，而主要是采取对失信信息进行批注的方式，即注明该项债务已经履行，并且取得了债权人的谅解，然后可以修复。如果继续采取目前的删除或者屏蔽信息的方式，则应当考虑给相关权利人或者社会公众提供查询历史信息或知情的机会。

（3）准确定位信用修复。被列入失信被执行人后，存在两种选择：是否需要确立一个最短公示期，经过此期间才可以修复；还是只要符合信用修复条件，就可以对其予以修复，实行"快出"的修复制度。从宁波的制度来看，没有设定最短公示期，符合条件即可退出失信被执行人名单。我们认为，对于具有抗拒执行、有能力拒不履行等严重情节的违法行为，应当设定最短公示期或者只能在公示期满后才可以退出，从而体现过罚相当的原则。特别严重的违法行为，则不能予以信用修复。

（4）完善破产重整企业信用修复的特别机制。破产重整企业对于工商、税务、海关、人民银行等相关领域的失信记录有强烈的修复意愿。但目前还没有修复的统一规则。从温州、衢州等地方的司法实践看，通过实施信用修复推动破产重整的顺利进行，对于恢复企业生产经营能力、重塑其信用，具有重要意义。因此，建议将破产重整企业的信用修复问题纳入两项制度中进行统筹安排。

（5）完善失信被执行人信用承诺机制。信用承诺是社会信用体系建设中的重要制度创新。在宁波市的两项制度中也有自我承诺机制。被执行人对法院、行政机关、申请执行人作出承诺，本质上是一种合同关系。目前我国只有私法意义上的合同法律制度，但对民商事主体为履行其法定义务而与公权力机关缔结合同的行为，则存在法律调整的缺失。在这种场景下的信用承诺关系，私权利主体如果违反其承诺，法院能否责令其承担违反承诺的责任，还没有明确的法律依据。目前，宁波市的主要做法是不再给予私权利主体相应的信用激励或不再给予私权利主体信用修复的红利，但相关法律文书的表达方式相对宽泛，只写明如若违反承诺，本人自愿承担相应的法律责任。我们认为，这项制度可以进一步精细化，要对承诺的内容、承诺的形式、承诺的公开、承诺的法律效力、违反承诺的后果等重要因素予以整体考虑和制度安排，使被执行人的信用承诺具有更强的法律约束力。

（三）构建信用激励的社会共治机制

执行难是一个社会问题，解决执行难需要社会各方的积极参与。司法领域的激励机制，要注重确立社会参与共治的格局。

（1）完善公权力机关的协同机制。行政机关在公共服务或者市场监管过程中积极应用司法激励信息或者信用修复信息，是这两项制度得以成功的重要因素。目前，从相关发文来看，主要是地方政府部门的联合，建议加强与垂直管理部门（如人民银行、证监会、银保监会、海关等）、公共事业单位的协商，促进其积极参与两项制度的建设。

建议关注市场监管部门正在探索的行政强制退出机制。目前市场监管部门正在尝试建立对失联等企业的行政性强制退出机制，如浙江省关于吊销未注销企业的强制退出机制。近期市场监管部门发布的商事主体登记管理条例征求意见稿，也规定了强制除名等制度。行政性强制退出制度，对于执行工作具有重大影响，建议人民法院提前谋划，与商事登记中的强制除名等制度进行相应的衔接。如：在强制除名的情况下，如涉及被执行人的债务履行问题和信用修复等问题，要与强制退出以及恢复商事登记资格等问题进行衔接。

（2）完善社会参与机制。鼓励金融机构、信用服务机构、社会组织等参与到司法激励和信用修复中来，营造出守信畅行天下的格局。建议进一步引入商业化、市场化的信用机制（如商业保险机制、商业担保机制、商业保理机制等），提高被执行人的责任能力，共同解决执行难问题。此外，在数字经济蓬勃发展的今天，加强与平台型企业的协作，也有利于进一步发挥司法激励和信用修复机制的积极作用。

司法裁判自动履行激励
机制的几点看法

陈柳裕[*]

两项机制是新时代浙江法院的积极探索。因为是理论研讨会，我主要围绕司法裁判自动履行正向激励机制谈一下个人的看法。

第一个观点，是如何正确看待这项机制。

我们到底应该怎样来评判这项机制？这个机制所表达的问题，产生于现实生活中，我们已经把司法裁判的自动履行与民事主体的信用评价进行了结合，甚至认为司法裁判自动履行对信用体系建设具有十分重要的意义。

司法裁判自动履行正向激励机制的预设前提，是我们认为"法院生效裁判作出以后当事人自动履行裁判义务的行为是一个应予肯定的行为"，正因为我们认为当事人自动履行裁判义务的行为是一种守法诚信的行为，所以我们才给予他们诸多的政策红利。但这一假设前提显然值得我们深入思考。

我们知道，民事诉讼有给付之诉、确认之诉和变更之诉之分，我们可以以给付之诉状态下的司法裁判为例进行分析。给付之诉是指原告请求法院判令被告向其履行特定给付义务的诉讼。

---

[*] 浙江工商大学党委书记、浙江省政府法律顾问。

这类诉讼有两个基本特征。第一，当事人提起给付之诉的目的，在于请求法院判令对方当事人履行一定的民事义务。第二，给付之诉具有可执行性，也就是说，法院作出的给付判决生效后，负有给付义务的当事人必须按照判决的要求履行义务，否则法院将根据对方当事人的申请强制执行。给付之诉中的原告要求被告履行的给付义务，在实践中有各种样态，既包括给付一定数额的货币或财产，也包括为或不为某种特定的行为，如请求被告支付租金、返还借用物，按合同约定的时间播放广告、停止侵害名誉权的行为等。但不论是何种内容给付之诉，都有一个共同点，即，一旦法院判决原告胜诉，就是对被告应当依法履行一定民事义务的判定，被告就应向原告履行给付义务。所以说，给付之诉中原告胜诉的司法裁判，本身就是对被告道德和诚信的否定，在守法诚信问题上，他首先应该是被"扣分"而不是"加分"，或者说先要扣分，然后根据自动履行情节来加分。

所以说，我们宣传司法裁判自动履行正向激励机制时所说的，诸如有助于培育广大公民和企业的诚信意识、有助于营造"守法诚信光荣、违法失信可耻"的社会氛围、有助于用法治的力量塑造诚信文化等，都存在一定的可商榷之处。当然，我不是要全面否定这一机制的积极意义，特别是要看到，这一机制对于"引导督促自动履行，从源头上治理执行难"具有重要的显性作用，我只是想强调，我们要合理界定正向激励的功能，不能过于扩大。

第二个观点，是如何建设这一机制。

司法裁判自动履行正向激励机制的实施主体，除法院以外，还包括政府及其职能部门，银行、信用评价机构等商事主体，银行业协会等第三部门。这一机制有效运行的呈现方式，包括依法减免案件受理费、发放自动履行证明、提供诉讼服务便利、降低诉讼保全成本、开通行政审批绿色通道、纳入招投标项目评审、给予财政性资金扶持、纳入企业评定和纳税信用评价、纳入相关信用平台、给予授信融资支持等。这是各个主体基于一个共同的目标，各自实施相应的行为并需要协同运行的复杂系统。在这里，我想表达三个看法。

第一，机制是一个"在正视事物各个部分的存在的前提下，协调各个部分之间关系以更好地发挥作用的具体运行方式"，在社会系统中，不可能存在一个完全不需要管理者干预的自我适应系统。从这个意义上说，宁波市镇海区人民法院的主动作为、宁波市中级人民法院的牵头协调，共同促进了司法裁判自动履行正向激励机制建设。

第二，机制是通过什么形式建立的，是依靠什么实现的？一靠体制，二靠制度。只有通过建立适当的体制和制度，机制在实践中才能得到体现。这里所谓的体制，可以是很大概念上的，大到如计划经济体制和市场经济体制，正是在这两种经济体制之下，形成了截然不同的经济运行机制。也可以是相对中观层次甚至微观层次上的，比如说，通过组织职能和岗位责权的调整与配置，就是一种新体制的建立。这里所说的制度，广义上讲包括国家和地方的法律、法规，也包括一个地方或者特定组织体系的内部运行的规章制度。所以，我非常赞同由宁波市委全面深化改革委员办公室这样的机构来牵头推进这项改革，通过体制和制度的通盘设计和调整，来建立和完善该项机制。

第三，机制的构建是一项复杂的系统工程，各项体制和制度的改革与完善不是孤立的，也不能简单地以"1+1=2"来解决，不同层次、不同侧面必须互相呼应、相互补充，这样整合起来才能发挥作用。所以，我们还要特别重视人的因素，加强对司法裁判自动履行正向激励机制各关涉部门、各环节人员的素质的培养，否则，体制再合理，制度再健全，执行的人不行，机制还是到不了位。

民事执行中信用惩戒措施的功能定位

谭秋桂[*]

我们都知道自 2010 年以来,信用惩戒在民事执行中产生了良好的效果,发生了一些精彩的故事。但是客观来讲,民事执行中,信用惩戒措施基本功能在任何实践中都有一些争论,没有形成统一认识,所以,我想来谈一谈民事执行中信用惩戒措施的功能定位。

一 问题的提出

现行《民事诉讼法》及相关司法解释没有使用信用惩戒措施这一概念,但是人们通常认为,民事执行中的信用惩戒措施主要是两项:一是公布失信被执行人名单信息,二是限制被执行人高消费及有关消费。《民事诉讼法》第 255 条规定:"被执行人不履行法律文书确定的义务的,人民法院可以对其采取或者通知有关单位协助采取限制出境,在征信系统记录、通过媒体公布不履行义务信息以及法律规定的其他措施。"可见,公布失信被执行人名单信息措施有十分明确的法律依据,而限制被执行人高消费及有关消费措施的法律依据却不是十分明确。但是立法者认为,限

---

[*] 中国政法大学诉讼法学研究院教授。

制高消费及有关消费措施也应当属于《民事诉讼法》第255条规定的体系。

从解释论的角度看，尽管《民事诉讼法》第255条是第21章"执行措施"中的一个条文，但是采取该条规定的措施，并不能直接实现债权人的债权。因此，公布失信被执行人名单信息和限制被执行人高消费及有关消费措施（以下简称民事执行中的信用惩戒措施）并不是真正意义上的执行措施。

同时，既然规定在第21章"执行措施"中，而不是在第10章"对妨害民事诉讼的强制措施"之中，民事执行中的信用惩戒措施也不属于妨害民事执行的强制措施。

既不是执行措施，又不是妨害执行的强制措施，民事执行中的信用惩戒措施究竟是什么性质，就是值得研究的问题。要分析这一问题，还是要从分析民事执行中的信用惩戒措施的功能着手。

二 关于民事执行中的信用惩戒措施功能的现有观点

关于民事执行中的信用惩戒措施的功能，实践中主要有以下几种观点。一是"排除妨害说"。公布失信被执行人名单信息、限制被执行人高消费及有关消费，通过使其信用受损、生活受限的方式使被执行人不再妨害执行。因此，民事执行中的信用惩戒措施属于司法制裁，属于妨害执行的强制措施。但是，民事执行中的信用惩戒措施并不能排除妨害。也就是说，与一旦采取训诫、罚款、拘留措施，妨害执行的障碍就得以排除不同的是，采取公布被执行人名单信息、限制被执行人高消费及有关消费措施，债务履行的妨害并没有排除。只有被执行人因慑于公布名单信息、限制高消费及有关消费措施而主动履行义务，债务履行的妨害才得以排除。因此，民事执行中的信用惩戒措施的功能并不是排除妨害。

二是"独立制裁说"。也就是将民事执行中的信用惩戒措施作为一种独立的裁制措施,"限缩被执行人的生存空间,使之一处失信、处处受限"。但是这种认识与民事执行的目的相悖:除非被执行人有足够的现金或者存款,否则被执行人处处受限,反而不利于其履行债务,"放水养鱼"在民事执行中不可或缺。有时候过于限制被执行人,可能导致有财产的被执行人丧失履行能力,从而形成执行难案件。例如,某煤矿原来生产基本正常,储量按当时的煤炭市价计算达十几亿元。在一个涉及标的额为一亿多元的执行案件中,执行法院向当地煤炭管理局发出协助执行通知书——以该煤矿没有履行生效法律文书确定的义务为由,禁止煤管局向该煤矿发放煤管票。因为没有煤管票不能销售煤炭,该煤矿陷入停产,后来其他的债权人加速起诉和追债,该煤矿最终进入了破产程序。所以说,过分限制被执行人,反而不利于执行工作。从这个角度看,民事执行中的信用惩戒措施,不可能以限制被执行人的行动或者生产经营为功能定位。

三是"促进履行说"。这种观点认为民事执行中的信用惩戒的目的是促使有履行能力的被执行人主动履行义务,防止恶意逃债,最大限度地维护申请执行人的合法权益,维护司法权威。

三　民事执行中信用惩戒措施功能定位的合目的性

作为民事执行程序中的一种措施或者制度,分析民事执行中的信用惩戒措施的功能,必须与民事执行的目的——实现生效法律文书确定的内容、迫使债务人履行义务、实现债权人的债权联系起来。或者说必须以民事执行目的为基础去分析其功能定位。

我个人认为,公布失信被执行人名单信息、限制被执行人高消费及有关消费，其功能稍有差异。公布失信被执行人名单信息的基本功能是促使债务人主动履行义务，限制被执行人高消费及有关消费的基本功能是保全债务人的财产用于清偿债务。

公布失信被执行人名单信息，一是促使现有的具有履行能力的债务人履行义务；二是促使潜在的具有履行能力的债务人主动履行义务，预防债务违约。上述两个方面的功能的实现，有利于减轻执行负担，提高执行效率，解决部分执行难问题。

限制被执行人高消费及有关消费，有两个方面的功能，一是保全债务人的财产，防止流失；二是对债务人形成压力感，使之感到不便。

但是，这样的功能还是表面的，如果将上述各自方面的功能进行抽象，其实民事执行中的信用制裁措施的功能是两个方面：一是保障；二是威慑。

也就是说，首先，民事执行中的公布失信被执行人名单信息、限制高消费及有关消费措施，都是为执行工作服务的，其基本功能是保障执行工作的顺利进行，最终目的是顺利完成执行任务、实现生效法律文书确定内容。因此，公布失信被执行人名单信息、限制高消费及有关消费等措施，属于执行保障措施。

其次，公布失信被执行人名单、限制被执行人高消费及有关消费，除了可以直接作用于被执行人之外，还会对其他潜在的被执行人形成威慑作用，促使他们主动履行义务以免成为被执行人，故民事执行中的信用惩戒措施也称为执行威慑措施。

由此可见，民事执行中的信用惩戒措施，是一项执行制度而不是社会信用制度，它只是利用了信用这个概念，与社会信用体系中信用惩戒具有的维护信用交易秩序、防范信用风险功能有着明显的区别。同时，执行信息是社会信用信息的重要组成部分，是社会信用信息的重要来源。执行信息与社会信用信息应当保持良性互动。

四 完善民事执行中信用惩戒措施适用的建议

为了完善民事执行中信用惩戒措施的适用，必须以民事执行中信用惩戒的功能定位为基础，对现有制度进行必要的改革。

一是要统一认识。准确理解民事执行中信用惩戒的功能定位，防止公布失信被执行人名单信息、限制被执行人高消费及有关消费措施的滥用。如对行为、物的交付执行中，被执行人没有故意拖延执行的，由于不需要保全财产，就不应当适用"限制高消费及有关消费"。

二是要强化公布失信被执行人名单信息、限制被执行人高消费及有关消费措施的可操作性。现行民事执行中的信用惩戒措施，在法律规范中仅有一个条文，具体的操作规范只有司法解释，其效力层次不高、权威性不够，严重影响了其制度功能的发挥。

三是要赋予执行法官更大的自由裁量权，增强公布失信被执行人名单信息、限制被执行人高消费及有关消费措施的适用灵活性。进入失信被执行人、限制高消费及有关消费名单由执行法官确定，退出失信被执行人、限制高消费及有关消费名单由执行法官裁定。增强灵活性，而不是一进入名单就直到案件终结，以充分体现公布失信被执行人名单、限制高消费及有关消费措施的保障、威慑功能。

因此，应当赋予进入名单的被执行人申请退出、申请执行人同意被执行人退出的权利，还要赋予执行法官根据案件实际情况调整名单的权力。其实，这与社会信用体系的信用修复还是有些区别的。我个人觉得将被执行人从失信被执行人名单、限制高消费及有关消费名单中删除，并不意味着该被执行人的信用已经修复。而且其信用是否修复，不应当由执行机构来评价，而应当由信用评定机构进行评价，与执行工作无关。但执行机构有责任向社会信用评定机构提供信息。

四是要完善相关制度。个人建议，在现行的判决书尾部写明《民事诉讼法》第253条的规定，即迟延履行生效法律文书确定的义务应当承担迟延履行责任，在此基础上，增加写明执行法院可以采取公布失信被执行人名单信息、限制高消费及有关消费措施的规定，以充分发挥其威慑功能。

基于信用监管理念看两项机制

李 伟[*]

信用修复机制是我国信用体系建设的重要内容，是构建与完善"事中事后"信用监管机制的必然要求。信用修复作为信用联合奖惩机制的重要环节，是对失信主体实施失信惩戒后的一种守信激励，通过合理合法地构建失信主体恢复正常信用的通道，给予其改过自新的机会，使其主动摒弃失信恶习，积极修正自身行为，努力修复自身信用。因此，信用修复具有很强的正向引导效用，宁波法院在实施信用修复制度以来所取得的成效正是这一点的有力注脚。

随着跨地区、跨部门、跨领域的信用联合惩戒机制有力推进，失信惩戒力度与威慑力也在不断增强，大量的失信主体因被纳入"黑名单"而受到各方面的限制，基本丧失市场活力，对于一些有强烈履行意愿却无履行能力的主体，几乎无修复信用的可能。然而，失信惩戒的目的并非把失信主体永远地钉在耻辱柱上，而是在于以"惩"促"信"，一味地惩戒并不利于已经失信的主体有效履行守信义务，而且，不是所有的失信主体都具有失信的主观故意，且大多数主体都具有纠正失信行为、诚信守法经营的强烈意愿。古语云"知错能改，善莫大焉"，通过有效开展信用修复工作，给失信主体以一定的弥补空间，使其能够通过合

---

[*] 中国经济信息社新华信用事业部总经理。

法途径修复信用，重回正轨，以全新的面貌参与到市场中去，对于提高全社会的诚信水平有着非常重要的意义。

宁波法院所推出的创新性信用修复激励机制，立足于现实，着眼于失信者的信用修复困境，真正给予了"履行意愿强烈但暂无履行能力"的这部分失信主体以恢复信用的机会，充分调动失信主体重拾信用的积极性，打破"执行难"的僵局。该机制通过采用与被执行人履行意愿和履行能力高度相关的可量化的评分标准，在适当降低修复门槛的同时，也充分考虑了修复行为的正当性与可行性；而后持续性的反复评估，有利于督促恢复信用后的失信主体有效履行守信义务，确保达到修复主体信用的目的；再有，明确的职责与严格的执行程序使得信用修复制度更加规范，能够有效避免信用修复的滥用，切实做到"有前提、有程序、有限度"的信用整改。

信用修复是社会信用体系建设中的关键一环。国家发展和改革委员会主要领导2020年7月在国务院关于"构建以信用为基础的新型监管机制"的政策例行吹风会上指出：信用修复是失信主体在彻底纠正失信行为并承担相应法律责任的前提下，在接受诚信教育主动做出守信承诺并按规定履行相关社会责任的前提下，依法依规退出"黑名单"并相应解除失信联合惩戒，依法依规缩短或结束失信信息公示，依法依规规范保存信用记录的相关措施和过程。

可以说，"信用修复不是简单的'洗白记录'，也不是简单的'退出惩戒'，而是有前提、有程序、有限度的失信整改过程"。

近年来，随着失信联合惩戒力度的加大，信用修复工作也在探索中不断前行，并且取得了一些成效，也越来越受到各方面的关注，但是与社会主体的需求相比还有差距，如果信用修复跟不上就会出现问题。

信用修复工作有三类。第一类是对黑名单的信用修复，首先失信整改认定一定要及时，移除黑名单要及时。但移除黑名单不等于删除信用记录。第二类就是双公示的信用修复，双公示的信用信息，国家发展改革委已经出台了双公示的信用修复办法。第三类是信用记录的修复。目前信用记录不能修复，但下一步要研究探索信用记录的修复问题，给企业特别是愿意整改的企业出路。公共信用记录的信用修复要结合目前实际，研究对企业发展更有利的措施、更有利于改善营商环境的措施。

宁波法院开展自动履行正向激励和信用修复两项机制就是从实际出发，从改善市场信用环境，优化营商环境，推进善意、文明执行出发开展的有益尝试，值得好好总结和推广。

首先，从社会信用体系建设的初心使命来看。《社会信用体系建设规划纲要（2014—2020年）》开篇指出，社会信用体系是社会主义市场经济体制和社会治理体制的重要组成部分。有一个形象的比喻，经济社会发展好比一个轨道，轨道的一边是经济发展，另外一边是社会治理，而社会信用体系就是枕木。通过社会信用体系建设，可以有力推动社会治理体系和治理能力的现代化建设，降低社会治理成本。通过社会信用体系建设，可以有力推动营商环境的优化，市场经济是信用经济，也是法治经济，信用环境好了，营商环境自然好了。通过社会信用体系建设，可以有力推动高质量发展，高质量发展对应着精细化的管理，而构建以信用为基础的新型监管机制，就是在监管中引入信用治理的理念，分支分类精细化的方法。宁波两项机制的探索是符合我们社会信用建设这个初心的。社会信用体系建设规划纲要里，明确提出，"建立自我纠错、主动自新的社会鼓励与关爱机制"。

其次，从信用生态的角度看，信用修复是信用生态重构的手段。社会信用是由各种社会主体基于契约精神而构成的社会整体信用。现代社会是一个复杂的大系统，不同的社会主体之间有着千丝万缕的关系，因此社会信用绝不是各种社会主体信用的简单相加，而是一个复杂的生态系统。失信意味着原有信用关系的消亡，而如何去重构信用关系，如何低成本高效率地重构信用关系对维护整个信用生态的健康运转意义重大。在宁波对两项机制的探索中，法院生效裁判事实上就是公权力对新的信用关系的一种认定，也是信用关系重构的基础，在进入执行前，通过两项机制，激励义务人自动履行裁判义务，有效降低了信用关系重构的成本，提高了重构效率。从而降低了社会治理成本，优化了营商环境。执行环节不仅关乎信用关系重构，信用生态的动态均衡，更是直接影响司法公信建设。

特别是在当前应对疫情冲击，做好"六稳"、落实"六保"的大背景下，社会信用生态也面临着前所未有的冲击，两项机制的推广，对于维护信用生态健康运转，维护市场秩序具有重大的意义。

最后，从信用修复的具体操作方面来看，信用修复是"有前提、有程序、有限度"的。如何进一步明确标准、规范程序、实现高效联动是信用修复工作拓展的关键。《关于加快推进社会信用体系建设构建以信用为基础的新型监管机制的指导意见》中提出的事前信用承诺、事中分级分类、事后联合惩戒三者如何结合得更加紧密尚需要进一步探索。

在具体推进中，我们司法部门的资源是有限的，如何以社会共治理念为导向，激活社会力量参与值得探索。为此，我建议，在修复流程方面，引入中立客观的第三方信用服务机构，由信用服务机构参与具体信用修复的流程性事务。在信用修复协同监管、出具第三方信用报告、信用修复培训辅导和管理咨询等方面，如何提供统一的公益性信用修复服务，值得进一步探索深化。在修复途径方面，如何用数字化手段，将相关程序线上化，探索信用修复的"培训"，便于失信被执行人学习执行相关法律法规、提升诚信意识、打造一网通办、一窗受理的模式，也具有非常重要的意义。

还有，在宣传推广方面要形成一个更加标准的宣传推广话术，避免社会对两项机制的误解。梳理十问十答，加强培训，方便执行人员操作，方便媒体传播。助力两项机制融入社会信用大局。

信用修复制度运行的实践困境与优化路径

连光阳*

我对截至 2019 年 7 月之前，涉及信用修复的全部的国家层面和地方层面的规范、文件进行了全方位的梳理、总结，从中发现了我国信用修复机制建设中存在的一些问题，在这里我将我所总结的这些问题向大家做一个汇报。

截至 2019 年 7 月 20 日，国家层面共有 6 部国务院规范性文件和 43 部部门规章提出了建立信用修复机制，但大都没有具体的规定，此外另有 3 部相关司法解释，只是简单提及破产重整企业的信用修复。即在中央一般信用制度中并没有明确规定信用修复的具体规则。反之地方层面则已经形成了较为具体的修复规则，共 12 个省市的信用管理条例、12 部地方性规章、483 个地方规范性文件以及 387 个地方工作文件提到信用修复。

从上面的数据不难得出，当前我国信用修复的法律渊源主要集中于地方规章和规范性文件。这种规范现状也导致了信用修复机制运行中所遇到的第一个问题，即信用修复的规则欠缺统一性。具体体现在以下几个方面：信用修复范围方面，具体行业对于严重失信行为的主体是否能修复还没有形成定论，导致实践中信用修复的范围难以界定；信用修复的条件方面，对于整改的期

---

* 湘潭大学法学院副教授、博士。

限、何时可以提起信用修复、失信频率、修复频率，各地规定也不一致；信用修复的程序方面，一般遵循申请、受理申请、修复决定、公示、数据处理的程序，但有些省份和领域缺少公示环节，有的省份则增加共享环节，共享机制的缺失，是实践中信用修复结果互不认同的一大诱因。每个步骤具体操作也有差异，如审查、公示期不一致，导致了信用修复的效率高低不同，间接拉大了地区信用修复开展情况的差距，信用修复数据也有删除式修复和标记式修复两种模式。联合惩戒具有跨部门、跨地域、跨领域的特点，规则的差异性导致同一失信行为在不同地区修复的条件、程序不同，不仅会带来操作的混乱，不利于形成统一的信用修复制度，还会破坏联合惩戒的整体性。信用修复能使联合惩戒提前解锁，使失信主体提早回归市场，无论是信用修复的成本，还是修复后获得的预期利益，其相对于还被困于惩戒的同类失信主体而言，都具有很大的优势，这有悖于社会公平原则。

第二个问题是，欠缺具体的信用修复的标准以及信用修复的方式较为单一。通过分析各地、各行业的信用修复制度的具体内容，发现信用修复标准单一、笼统，就何种失信行为可以修复、匹配何种条件、启用何种修复程序以及可以修复到什么程度并未具体规定。对于何时可以提起修复的规定含糊，很多地区笼统得将其规定为"一定期限内完成整改"；有的则规定在信息可查询期间均可提出修复申请。对于修复行为条件多设置为"纠正失信行为，不良影响基本消除"等弹性规定，没有细化、多维的标准，这不仅导致信用修复机构的自由裁量权过大，为其滥用职权提供了空间，且因缺乏客观实在的标准，容易导致不同地区同一修复做出不同决定的不公平现象。对于信用修复的具体方式，制度上虽然设置了多样的修复方式来增加修复条件的可视化，降低修复标准的模糊度，但实践中仍以改正失信行为，守信承诺、信用培训等简单修复方式为主，信用承诺"频频出镜"。

粗放的修复标准和单一的信用修复方式与失信行为"多范

围、宽领域"的复杂性不相适应。如轻微的、非主观原因造成的失信行为，其影响低，修复简单，如果和严重、主观恶意的失信行为使用同一标准，会导致资源的浪费，增加轻微失信人修复的在途时间和金钱成本，"两害相较取其轻"，很容易降低其修复的积极性，从而选择被动地等待信用信息更新。反之，对于较为严重的失信行为不匹配严格修复标准则会导致严重失信行为人失信成本降低，弱化惩戒权威，为其开辟先失信后修复的道路。

第三个问题是，市场化的信用修复服务机构缺失。2019年7月2日国家公共信用信息中心发布了相关公告，确定了62家能为申请人提供信用修复报告以及13家有资质开展信用修复培训的服务机构。这是我国信用修复服务机构的重大发展，但其主体过少，工作范围有限，仍不能满足当前信用修复的需求。更为遗憾的是，我国现阶段还没有出台专门针对信用修复服务的条例法规，使相关各方都陷入无法可依的境地，有意向开展这项业务的机构持观望态度，无所适从。现实中，失信人对信用修复不够了解，不知如何操作，甚至不知道何为信用修复，但面临各种限制时又急于摆脱失信惩戒的牢笼。所谓"有需求就有市场"，信用修复服务机构的缺失，为信用修复诈骗提供了契机，滋生了"删除信用污点"的中介，产生了信用修复的诈骗链条。

第四个问题是，信用修复相关的主管机构权责不明确。主要体现在以下两个方面：其一，多部门具有相同职能。从各地建立的企业信用修复机制来看，多数是由市场监督管理部门负责制定修复标准，并且指导和组织企业的信用修复工作。然而国家发展和改革委员会、中国人民银行等部门都具有一定的信用评价和公示机制，市场监督管理部门与其他部门的职责界定不清，各自权责不明，制度执行过程中面临较多问题。其二，多主体之间职能不明，包括立法上的不清晰也包括实践中的不规范操作。信用修复工作从申请到决定，过程纷繁复杂，其相关处理包括但不应仅限于信用修复机构。从目前看，关于信用修复工作由哪些机构开展及各机构具体的事务并无详细的规定,这也导致实践中各部门职能混乱的现象时有发生。

第五个问题是,信用修复的监督机制也存在问题。信用修复制度的责任监督以及实行监督措施的省份较少,规则零散、内容不丰富,监督也主要集中于对信用修复申请人的监督。监督机制的问题主要体现为以下几个方面。其一,内部监督机制缺失,权力监督无从下手。在信用修复采取"谁认定、谁负责、谁修复"模式下,信用修复机构具备信用修复处理主体和失信行为认定主体的双重身份,粗放式的信用条件又使得信用修复机构自由裁量权过大。但目前并无相关法律法规涉及信用修复机构的监督问题,只是笼统规定发展和改革委员会负责综合协调工作,并未明确部门之间、上下级的监督关系。其二,社会监督存在障碍。虽然大多数地区在信用修复程序中都设置了"公示"环节,公示期间,公众有行使异议的监督权。但从实践来看公示并未达到良好效果,以江苏省为例,在"信用中国(江苏)"网站上信用修复公示仅包含信用改良者名称、日期和文号,既未体现失信行为,也未证明已履行完毕义务,严重剥夺了公民的知情权。

针对以上的问题,我也针对性地提出了一些优化路径,由于时间有限,只能简明扼要地汇报主要观点:第一,在《社会信用法》还未出台,信用方面立法条件尚不具备的今天,欲通过建立专门的《信用修复法》提高位阶的道路显然为时过早,当前可以通过完善《征信业管理条例》《企业信息公示条例》中已有的相关规定,在行政法规的层面引导信用修复规则的统一。第二,要进一步探索精细化的信用修复规则,宁波的"分级信用修复模式"就是一个很好的做法。第三,引导、培育市场化的信用修复服务机构。第四,要明确信用修复相关主管机关的权责,完善信用修复监督机制。

附　录

关于《宁波市人民代表大会常务委员会关于推进自动履行机制创新切实解决执行难问题的决定（草案）》的说明

彭朱刚[*]

主任、副主任、各位委员：

我受主任会议委托，现就《宁波市人民代表大会常务委员会关于推进自动履行机制创新切实解决执行难问题的决定（草案）》（以下简称《决定（草案）》），作如下说明。

一　制定《决定》的背景和必要性

长期以来，执行难问题始终是困扰人民法院的突出问题，不仅损害了当事人合法权益，而且损害了国家法律尊严和司法权威，影响社会和谐稳定，也一直为各级人大代表所高度关注。近年来，我市两级法院积极深化执行改革，以推动自动履行为抓手，创新工作机制，尤其是镇海区人民法院探索的自动履行正向激励机制和江北区人民法院首创的被执行人信用修复机制，取得了明显的成效，得到最高人民法院的肯定和推广，并被写入2020年全国"两会"的最高人民法院工作报告之中。这两项机制，以

---

[*] 宁波市人大常委会秘书长。

强化执行强制措施和失信惩戒为基础,探索设定科学合理的"联合扶助"举措,与"失信联合惩戒"形成有效互补,通过精准扶助具备良好法治理念、信用评级的市场主体,推动从源头上减少执行案件,保障当事人及时实现合法权益,助推社会信用体系建设。当前,自动履行机制建设取得了初步成效,但仍需进一步深化与完善,以充分释放制度红利,有效解决执行难问题。为推动全市各司法机关、相关部门和金融机构等形成更大合力,着力把自动履行机制打造成具有宁波特质的重大标志性成果,市人大常委会作为地方国家权力机关,拟行使地方人大常委会的重大事项决定权,就推进自动履行机制创新切实解决执行难问题作出决定。

二 《决定(草案)》的主要内容

《决定(草案)》主要分为四个方面的内容:

(一)《决定(草案)》提出了对依法推进自动履行工作的总体要求。当前,推进自动履行工作,主要是建立和完善自动履行正向激励机制和被执行人信用修复机制。这两项机制,实质上是司法领域并涉及多个管理领域的重大改革。在法院内部,涉及立案、审判、执行等多个诉讼环节;在法院外部,涉及社会信用体系建设、政府采购、金融监管、税务、市场监管、住建、水利、综合执法等多个管理领域,牵涉众多的法律法规。习近平总书记指出,凡属重大改革都要于法有据。为此,《决定(草案)》第一条首先强调,"自动履行机制创新要遵守法律规定、遵循司法规律",以防止改革工作出现偏差。《决定(草案)》第三条建立和完善自动履行制度体系,强调"要坚持公平公正、程序正当和有利于保障当事人合法权益的原则",第六条规定的"制定并严格执行自动履行相关程序",以及其他一些条款的相关规定,都呼应了"要遵守法律规定、遵循司法规律"的总体要求。

（二）《决定（草案）》强调了推进自动履行的工作基础。《决定（草案）》第一条强调，推进自动履行工作，要"以强化强制执行、提高失信惩戒威慑力为基础"，并在第二条规定了强化失信惩戒力度的具体举措。只有不断强化对各种失信行为的惩戒力度和威慑力，推进自动履行工作才能有一个坚实的基础，也才能营造一个"失信者寸步难行、守信者处处畅通"的信用环境和法治环境，实现《决定（草案）》第一条要求的"形成自动履行和强制执行双向发力、相互促进的司法环境，切实解决人民群众关心的执行难问题，促进社会信用体系建设。"

（三）《决定（草案）》规定了推进自动履行工作的具体要求。《决定（草案）》第三条要求人民法院和相关单位要努力形成工作合力，建立推进自动履行的联合制度体系和工作机制，并通过定期召开联席会议等形式，总结改革工作经验，不断完善和深化这项改革工作。第四条、第五条对推进自动履行工作的两大机制，即自动履行正向激励机制和被执行人信用修复机制的实施条件、实施方式等作了规定。第六条对推进自动履行工作的具体程序提出了要求，要求人民法院和相关单位，根据相关法律，"制定并严格执行自动履行正向激励和失信被执行人信用修复的相关程序，不得违反相关程序规定，将当事人纳入自动履行名单或者作出同意失信被执行人信用修复的决定"，使这项改革工作真正实现《决定（草案）》第一条提出的"从源头减少执行案件、保障当事人及时实现合法权益"的目的。

（四）《决定（草案）》对营造推进自动履行良好外部环境提出了要求。《决定（草案）》第七条要求各级人大常委会和监察机关、检察机关，要通过各种方式，监督人民法院依法执行工作，支持人民法院排除执行工作中的各种困难和司法干预行为，促进依法执行。要求各级领导干部带头遵守宪法和法律，维护司法权威，不得干预具体执行案件处理。第八条要求新闻媒体加大对推进自动履行切实解决执行难问题的宣传力度，营造自动履行、促进社会诚信体系建设的良好舆论氛围。

以上说明，连同《决定（草案）》，提请本次会议一并审议。

宁波市人民代表大会常务委员会关于创新自动履行机制推进切实解决执行难问题的决定

(2020年10月28日宁波市第十五届人民代表大会常务委员会第三十三次会议通过)

人民法院执行工作是依靠国家强制力确保法律全面正确实施的重要手段,是维护人民群众合法权益、实现社会公平正义的关键环节。切实解决执行难问题,让人民群众在每一个司法案件中感受到公平正义,是建设法治宁波和信用宁波的现实需要,也是宁波推进新时代市域社会治理现代化的使命担当。创新自动履行机制,有利于进一步促进执行难问题的解决,依法维护人民群众的合法权益,营造全社会良好的信用环境和法治环境。根据相关法律法规,结合我市司法工作实际,特做如下决定:

一、**依法推进自动履行工作**。创新自动履行机制应当符合法律规定、遵循司法规律,以从源头减少执行案件、保障当事人及时实现合法权益为目的,以强化强制执行、提高失信惩戒威慑力为基础,通过自动履行正向激励和失信被执行人信用修复等机制,引导、督促当事人自动履行生效法律文书确定的义务,形成自动履行和强制执行双向发力、相互促进的司法环境,切实解决人民群众关心的执行难问题,促进社会信用体系建设。

二、**强化失信惩戒力度和工作协同**。人民法院应进一步加强执行工作,对拒不履行生效法律文书的违法行为,依法适用罚款、拘留、追究刑事责任等强制措施，并及时将失信被执行人名单信息主动推送给依法负有信用惩戒职能的相关部门和金融机构。相关部门和金融机构应当建立和完善对失信被执行人的信用惩戒制度，完善与公共信用信息平台、人民法院执行指挥中心的对接机制，加快信息数据集成和信用信息共享交换平台建设，完善网络查控系统，将人民法院发布的失信被执行人名单信息嵌入本单位的管理、审批等工作系统中，在职能范围内依法对失信被执行人实施信用监督、警示和惩戒，并在人民法院办理查询、查封、扣押和冻结、划拨等手续时，及时履行法定协助执行义务。各级人民法院、人民检察院、公安机关应当加强协调配合，建立和完善打击拒不执行生效判决、裁定等犯罪行为的常态化工作机制。

三、建立和完善自动履行制度体系。公共信用建设综合部门、人民法院与依法负有信用奖惩职能的相关部门以及金融机构，应当坚持公平公正、程序正当和有利于保障当事人合法权益的原则，建立推进自动履行的联合制度体系和工作机制，引导、督促当事人自动履行生效法律文书确定的义务，并通过联席会议制度等形式，定期总结工作经验，不断完善相关制度体系和工作机制。

四、建立和完善自动履行正向激励机制。人民法院应当加强立案、审判、执行等环节的衔接配合，引导当事人自动履行法律义务，把自动履行与改善当事人信用评价挂钩，定期发布自动履行名单，并将名单推送至相关部门和金融机构、公共信用信息平台等，消除自动履行的当事人因涉诉可能产生的负面信息。

五、建立和完善失信被执行人信用修复机制。对已经被纳入或者将被纳入失信被执行人名单的被执行人，有履行生效法律文书确定义务的承诺，经人民法院审查符合条件的，并征求申请执行人的意见，可以将其暂时移出失信被执行人名单或者暂不列入失信被执行人名单，以提高其履行能力，保障当事人及时实现合法权益。被执行人未依法履行承诺的，人民法院应当及时将其列入失信被执行人名单，并依法采取强制执行措施。

六、制定并严格执行自动履行相关程序。人民法院应当根据相关法律，会同公共信用建设综合部门、依法负有信用奖惩职能的相关部门以及金融机构，制定并严格执行自动履行正向激励和失信被执行人信用修复的相关程序，不得违反相关程序规定，将当事人纳入自动履行名单或者做出同意失信被执行人信用修复的决定。

七、监督和支持人民法院依法执行工作。各级人民代表大会及其常务委员会应当通过听取和审议专项工作报告、执法检查、专题询问、代表视察等形式，依法监督人民法院的执行工作，支持人民法院排除执行工作中的各种困难和违法干预，促进依法执行。各级领导干部应当带头遵守宪法和法律，维护司法权威，不得干预具体执行案件处理。各级监察机关应当依照有关规定，严肃查处领导干部和司法机关内部人员干预司法办案的活动。各级检察机关应当依法履行法律监督职责，监督和支持人民法院依法开展执行工作。各级人民法院应当增强主动接受监督的意识，积极回应社会各界对执行工作提出的意见和建议，实现内部纠错与外部监督的良性互动，确保执行权依法正确行使。

八、加强自动履行宣传引导。各级司法机关和相关行政机关要多措并举，深入开展法治宣传教育活动，推进全市形成学习法律、遵守法律、敬畏法律的社会风尚，促进全社会理解和支持人民法院依法开展执行工作。新闻单位和网络媒体应当加大对创新自动履行机制推进切实解决执行难问题的宣传力度，通过报道典型案例、直播执行现场、拍摄影视作品、发布公益广告等形式，营造自动履行、促进社会诚信体系建设的良好舆论氛围。

本决定自通过之日起施行。